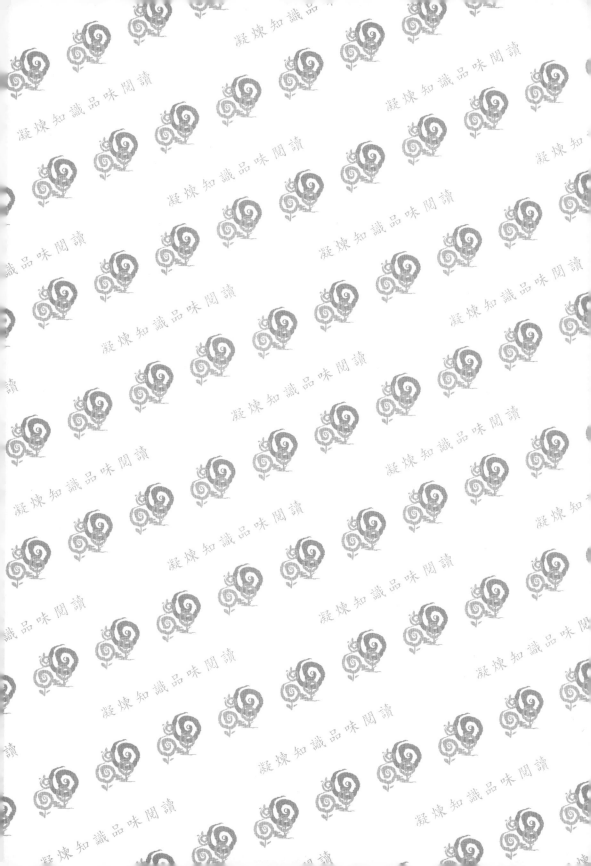

原住民族多元智能
——原住民族知識體系

洪清一　著

五南圖書出版公司　印行

序

　　文化不僅是一種生活型式，亦是思考方式和認知體系的方式。因此，多元性和多樣性的文化自然地彰顯出不同的思維樣式和多元且獨特的智能表現。尤台灣原住民族文化，除各族群間文化具普同性，然各族群文化頗具殊異性和特殊性。因此，在不同文化脈絡和生活情境下，無形中衍而營生和孕育多元智能。基於此，乃觸動著者撰述本書的動機。其次，依原住民族教育法相關條文規定，政府應本於多元、平等、自主、尊重之原則，推動原住民族教育；各級各類學校相關課程及教材，應採多元文化觀點，並納入原住民族歷史文化及價值觀，以增進族群間之了解及尊重。同時，學校選編民族教育課程之教材，應尊重各原住民族文化特性與價值體系。尤當前政府積極建構原住民族知識體系，期能復振原住民族文化，發掘原住民族具傳統性、現代化、未來性之知識，進而作為原住民族教育課程發展及師資培育基礎。關此，本書或有可參用之價值。

　　本書共有九章，包括原原住民族文化概述、文化取向：原住民資賦優異與特殊才能及多元智能、智力與多元智能、體覺智能、原住民族體覺智能、原住民族舞蹈智能、原住民族與漢族國中學生情緒智力、原住民與漢族國中學生靈性智力、原住民族知識體系與原住民族生態智能。

　　其次，本書主要是統整著者多年主要講授「特殊族群資優教育」一科之相關文獻與資料而成。限於著者才疏學淺，難免諸多舛錯，特請讀者、先進包涵指正，以匡不逮。撰寫期間，承蒙內人陳信好老師之鼓勵與校稿，以及本校特教系教授及原住民民族學院師長們的支持與指導，助益良多，際茲付梓之時，格外感激，謹此致意。

洪清一　謹識
國立東華大學原住民民族學院
2021.5.28

目　錄

第一章　原住民族文化與其價值

第一節　原住民族簡介

　　昔日俗稱「山地同胞」（簡稱山胞）或「山地人」、「原住民」，是指一群住在台灣山地的一個民族，清代稱之爲「番」，日據時代亦稱爲「蕃」或「高砂族」「高山族」（台灣省政府新聞處，1971）。政府爲便於法令上和行政措施上的保障和扶植，分山地山胞和平地山胞二種，凡原籍在山地行政區域內，其本人或直系尊親在光復前戶籍記載爲高山族者，稱爲山地山胞；光復前居住於平地行政區域，其原戶籍記載爲高山族並經向政府登者，稱爲平地山胞（台灣省政府民政廳，1981）；此外，於1994年10月24日，政府將山地山胞修正爲山地原住民，平地山胞修正爲平地原住民（內政部，1994）。台灣原住民族並非一族，居住著各種族群，其中原住民族約有55.3萬人，占總人口數的2%。目前，經政府認定的原住民族有：阿美族、泰雅族、排灣族、布農族、卑南族、魯凱族、鄒族、賽夏族、雅美族、邵族、噶瑪蘭族、太魯閣族、撒奇萊雅族、賽德克族、拉阿魯哇族、卡那卡那富族等16族（中華民國原住民知識經濟發展協會，2016；黃季平，2012），各族群擁有自己的文化、語言、風俗習慣和社會結構，對臺灣而言，原住民族是歷史與文化的重要根源，也是獨一無二的美麗瑰寶（台灣省政府新聞處，1971；台灣文獻會，1972；台灣省政府民政廳，1981；陳其南，1981）。

第二節　原住民族各族群文化

一、阿美族

　　阿美族是16個原住民族中之一族，阿美族自稱爲Pangtsax，或Amis。Pangtsax一詞，可能來自馬來語（bantsa），有人種、血統、同族和民族之意。Amis一詞，漢字依音譯的方式譯爲阿美或阿眉，原來是「北方」的意思，爲原先住在台東南部的卑南族（Puyuma）所用的稱呼，換言之，卑

南族稱北方人爲Amis（黃宣衛，1991；李亦園，1992；林桂枝，1995）。
目前，在阿美族的社會裏，較常使用Amis，而較少用Pangtsax。阿美族分
布於中央山脈以東沿太泙洋岸的狹長地帶，北自花蓮附近之奇萊平原，南
達台東以南的太麻里，約在北緯24度以南至22度之間。大部分居於平地只
有少數居於山谷中。居於狹長地區中之阿美族，又因地域、風土習俗、語
言的差異，可分爲五大群：南勢阿美、秀姑巒阿美、海岸阿美、卑南阿美
與恆春阿美。但通常卑南阿美和恆春阿美，合稱爲南阿美；秀姑巒阿美和
海岸阿美，合稱爲中部阿美；南勢阿美，稱爲北部阿美，其結構如下所示
（李亦園，1992；李景崇，1994；林桂枝，1995；洪清一，1997；黃宣
衛，1991）：

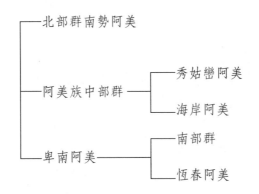

　　南勢阿美的居住區域：北自新城鄉境的北埔，南到壽豐溪止，包括
今新城鄉、花蓮市、吉安鄉、壽豐鄉及鳳林鎮。南勢阿美是阿美最北的一
群，與其毗鄰而居的是泰雅族、太魯閣族和後期遷入的宜蘭噶瑪蘭平埔
族。
　　秀姑巒阿美的居住區域：北自花蓮溪支流壽豐溪，南至鱉溪及學田
附近，這一帶阿美族固居秀姑巒溪及其支流，故稱之秀姑巒阿美。主要部
落有光復鄉之太巴塱（Tavarong）、馬太安（Vataan），瑞穗鄉之奇美村
（kivit）和拔仔（Pairasun）。
　　海岸阿美的居住區域：北自豐濱鄉，南至成功鎮，因爲住在海岸山脈
東側沿海，故名之。主要部落爲豐濱鄉之磯崎村、豐濱村、港口村、静浦

村，台東縣之長光、白守蓮和成功鎮等地區。

　　卑南阿美的居住區域：北自成功鎮，南至知本溪、東河鄉、太麻里鄉及台東市，因居台東卑南附近一帶地區，故名之。因此，卑南阿美又為台東阿美。主要部落為馬蘭、都蘭、都歷、大馬武窟、小馬武窟和加只來等。

　　恆春阿美的居住區域：分布於池上鄉、鹿野鄉、關山鎮、太麻里鄉及恆春一帶，因曾居恆春地區而故名之。

　　阿美族文化於台灣原住民族中也頗富異彩，其中最具特色者為母系社會制度與男子年齡階級組織。男子年齡階級組織制度，掌管部落內的政治、司法、戰爭、宗教等公共事務。此種男子年齡階級組織，於阿美族社會裡具有極大之約束力量。不僅是部落社會的結構中心，也是部落延續發展的基礎（王煒昶，1998；李亦園，1995；許木柱，1993；姚德雄，1986；黃貴潮，1994a）。

　　豐年祭為阿美族一年中最重要之祭儀與節慶，地位有若漢人之春節。其意義為慶祝稻米豐收及感謝祖靈與諸神明保佑，也藉此為部落男子年齡階級成員晉階。舉辦之時間通常在農忙之後，各地不一。活動內容包括捕魚、狩獵、祭祀、歌舞、餘興等。豐富多采的歌舞，為豐年祭之重心，也是豐年祭過程中最搶眼之活動，充分表現阿美族人歌舞之天賦，成為阿美文化最大特色之一（黃貴潮，1994a；黃貴潮，1994b）。

二、泰雅族

　　泰雅族的生活區域主要分布於台灣北、中與東部山區，在台灣原住民中，泰雅族的分布區域最為廣大。依據語言之差異，可分為泰雅亞族（Atayal）與賽德克亞族（Sedeg），兩者大約以南投縣北港溪與花蓮縣和平溪相連之一線為分界線，以北為泰雅亞族的居住區，以南為賽德克亞族的居住區（廖守臣，1984；陳茂泰、孫大川，1984）。泰雅亞族又分為賽考列克與澤敖列兩族群，之下又細分為二十四個支群。就目前的行政區域而言，其分布範圍包括台北縣烏來鄉、宜蘭縣大同與南澳鄉、桃園縣復

興鄉、新竹縣尖石與五峰鄉、苗栗縣泰安鄉、台中縣和平鄉與南投縣仁愛鄉。

　　泰雅族被認為沒有發展出嚴整的親屬組織，可以說除了家庭以外，不存在較大範圍的具體親屬群體；其親屬組織主要是以個人為中心的雙系團體（王嵩山，2001）。泰雅族的原始社會組織，是以血緣族群為基礎，以共祭、共獵及共負罪責等功能所形成的地緣部落。泰雅族是一個平權的社會，由領導能力強的人出任部落領袖，狩獵、出草也由英勇的族人擔任領袖。但遇到部落有重大事情時，則由長老會議決策。大體而言，社會組織分成下列幾個團體（廖守臣，1998）：

1. 血族團體：以地域社會為基礎組成最原始政治組織，也是最基本的自治單位。對內具保護功能，對外則負有與其他部落保持聯絡的責任，故部落是一個同地域之保護同盟共同利益的單元。

2. 狩獵團體：是部落或gaga（習俗）中男子所組成，婦女禁止參加。在集體狩獵時大家分工合作，共食、共享。平時，它是狩獵團體，戰時卻立刻成為一個戰鬥團體。每一團員共同負有保護共有獵區與負責部落內安全的權利與義務。

3. 祭祀團體：依祭祀的性質分為定期祭祀，如播種祭、收穫祭；不定期祭祀，如獵頭祭、祈雨祭、求晴祭。它是以具宗教為基本要素，而此團體部族成員之多寡，有大少之差別，確為社會組織中的重要基礎。

4. 共負罪責團體：也就是共同遵守誡律、規範的團體，泰雅人稱之為gaga。

5. 犧牲團體：為一血族共食之意，亦即由一血族共同分肉的團體。可分贖罪團體和共食團體。贖罪團體係指同一血族中任何人一旦發生違反gaga（禁忌），全族任何人也逃避不了。

　　泰雅族男人為著名的獵者，女人則善於織衣。成年的男子因獵首功勳、成年的女子因精於織布而擁有黥面的資格。男子刺黥的部位在上額及下顎，女子則兼刺雙頰。拔齒與黥面的行為表面上可視為美感的追求，重要的是其隱喻、表彰、甚至增強了維持日常生活與部落永續發展所應具備

的個人能力（王嵩山，2001。

　　泰雅族傳統宗教信仰的基本形態是以祖靈為中心，祂是人生禍福的根源，會依照子孫是否能遵守祖制來訂定賞罰。另外尚有無形的超自然存在（rutux）之神靈信仰，祂既是超自然的全體、宇宙的主宰，也是其個別神祇或祖靈的存在，泰雅人對於這超自然的基本信仰原則是服從萬能而尊崇的rutux，故泰雅人在治病或消災祈福時，都必須祭祀rutux，以求得神靈之喜悅而獲得平安幸福（黃宣衛，2002）。

三、布農族

　　布農族目前主要分布在南投縣的仁愛、信義兩鄉，花蓮縣的卓溪、萬榮兩鄉，台東縣的延平、信義兩鄉，以及高雄縣的三民及卓源兩鄉（黃應貴，1992）。布農族分類出六大社群：卓社群（南投縣玉山一帶）、卡社群（南投縣東部山區一帶）、丹社群（南投與花蓮縣界一帶）、巒社群（南投縣、嘉義縣界玉山一帶）、郡社群、搭科布蘭郡（簡稱蘭社群，在今中央山脈南投，人數較少）。布農族是台灣先住民各族中，發生大規模歷史性種族移動最明顯的一族（達西烏拉灣畢馬，1992；田哲益，2002）。布農族是父系氏族組織的社會。今存的五個布農族同祖群的氏族組織可分為兩類，一為聯族（Phratry）組織，另一為偶族（Moiety）組織。巒、丹、郡等三個社群為聯族組織；卡、卓等二社群為偶族組織。聯族與偶族包括若干個氏族，又再分亞氏族（達西烏拉灣畢馬，1992；田哲益，2002）。

　　布農族居住於高山地區，各氏族的社會組織，大皆以氏族部落為中心。布農族的部落本已大於氏族之偶（聯）族為單位，因此，部落有二部、三部、四部等組織制度。布農族部落以老人統治為原則，領袖之下有部落長老會議的組織。布農族的家庭是典型的大家庭制，經常是二、三十人，多的時候有六十餘人，甚至有多達九十餘人者，這樣的家族往往是五代同堂的大家族，老祖父氏這裡的家長，他擁有無上的權利，家長權的繼承則採長繼承（達西烏拉灣畢馬，1992）。

早期布農族人也有身體刺黑與拔齒之習俗，此二者於族人傳統中視爲美之表現，有吸引異性之作用，爲成年過程的一種符號，也是社會組織的團體標記。爲獲得獵場與報復血仇，布農族世界常有戰爭情事，也有馘首習俗，以此炫耀英武。爲能有效指揮領導部族狩獵、作戰與出草，族人通常會推選領袖掌理政治、軍事事務，領袖年老力衰時再薦舉青年接任（王煒昶，1998；姚德雄，1986）。

由於生活環境惡劣，布農族人對大自然十分敬畏，也衍生出繁複的生命禮儀與歲時祭儀。較爲外界熟知的祭儀有打耳祭與小米豐收祭。打耳祭爲布農族男子成長階段的生命禮儀，通常於每年四、五月間舉行。族人先上山打獵一星期，帶回豐碩之獵物下山後進行「射耳」、「分食獸肉」等儀式。接著尚有燻槍祭、敵首祭、報戰功等過程，藉以傳承狩獵技藝，並祈求獵物豐收。小米豐收祭舉行時期爲六、七月。首先由巫師爲全村病患去邪並釀小米酒，收割前祭師帶領未犯忌者至小米田祭拜，感謝上蒼賜予，祈求來年豐收。收割返家後全村殺豬暢飲聯歡，慶祝順利收成（姚德雄，1986；達西烏拉灣，1992）。打耳祭行中的「祈禱小米豐收歌」，其獨步全球的八部和音唱法，被譽爲人間天籟，可謂世界級之珍貴文化財。八部和音不僅反映布農族人卓越的音感，也是一種人際關係和諧秩序的表現，族人與天地神祇間的性靈溝通（田哲益，2002；達西烏拉灣，1992）。

四、太魯閣族

太魯閣族是於2004年1月中旬正名爲台灣第十二族。早期太魯閣的祖先原居住在台灣南部平原，因人口少勢力薄弱，常遭平埔族的追殺，爲了避難才遷移到能高山的白石山。大約在五百年以前，太魯閣族的祖先來到Truku Truwan這個地方，從此Truku這個地方是太魯閣族的源頭，也是他們的「根」（李季順，2003）。

大約在三百多年以前，因爲人口增加、耕地與獵區不足，以及族人的生活必需品需要鹽分，乃尋找靠近海洋的地方，以便利用海水煮鹽，供生

活食用，因此離開了祖居地。太魯閣族的祖先越過了中央山脈的奇萊山、能高山、合歡山來到東部的花蓮地區。因爲自稱是Truku族人，滿清政府統治時代就叫「太魯閣」，日據時代日本人叫該族人爲「Taroko」，而國民政府沿用日本人「Taroko」的音，叫作「太魯閣」，這就是大魯閣名稱的由來（李季順，2003）。

太魯閣族是父系社會，擔負保護家園、妻兒及生活領域是男子的本份。對於外人進入生活領域則視爲挑釁行爲，挑釁者會成爲族人男子「出草」（獵首）的對象，勇放殺敵者，將來必能「走過彩虹」，並深信被獵道的靈魂，會轉而變爲保護出獵者家族的安全，增強獵者的靈力（李季順，2003）。

五、噶瑪蘭

噶瑪蘭族自稱Kavalan，即舊志上所謂蛤仔雞或噶瑪蘭三十六社；大致分布於宜蘭縣境，其在宜蘭濁水溪之南者稱爲東勢蕃，居於北者稱爲西勢番。噶瑪蘭族爲平埔族最晚「歸化」的一族，其「歸化」年代在清嘉慶十五年（1810）（李亦園，1995）。該族在人種上是和台灣其他土著同屬於原馬來族，期語言屬於南島嶼語系中之印度尼西亞語，文化亦屬於印度尼西亞文化，從其起源傳說上亦可看出其來自南方島嶼。現居住在蘭陽平原上的噶瑪蘭人已經很少了（阮昌銳，1994）。噶瑪蘭族之移居花蓮、台東等地，以東勢番之加禮宛社爲主，故其在東部所建立之部落均稱爲加禮宛。清光緒四年年加禮宛等社反抗清政府，爲統領吳光亮所討平，花蓮一帶之噶瑪蘭乃大舉南遷，沿東部海岸至台東縣（李亦園，1995；阮昌銳，1994）。

噶瑪蘭人其原始社會爲母系社會，行招贅婚制，子女從母居，夫從妻居，男子長大出贅，女子承繼家產，男子因出贅而失繼承權。傳統生產方式是農漁兼重，位居海邊者以漁業爲主，離海邊稍遠者則以燒田農業爲主，婦女是農業上的主要工作者，捕魚則爲男子專業，宗教信仰以祖靈崇拜爲主要特色，有以粟爲中心的歲時祭儀以及交通靈與人之間的祭司和巫

醫（阮昌銳，1994）。

　　噶瑪蘭人的原始曆法是根據生產活動而定，年中祭儀亦附加在農業過程之中。隨農作展開的祭儀有播種祭、收割祭、入倉祭，和豐年祭等。其宗教特色是以祖先崇拜為中心，祭儀活動是祈求祖靈保護作物或產品豐富的以及家人安康為目的的手段（阮昌銳，1994）。

六、卑南族

　　卑南族是住在東海岸，台東市以西的平地的原住民，以前稱之為八社番或馬族。由於居住比較狹長的台東平原，部落與部落之間的距離也相當接近，所以和散布在廣大的中央山脈的其他種族，在生活環境上，先天上就有很大的差別。構成卑南的八大原住民聚落包括：知本社（Katipol）、射馬干社（kasavakan）、呂家社（Rikavon）、塔瑪蘭卡歐社（Tamalakao）、巴西卡歐社（Murivunrivuk）、班久社（Vankiu）阿里巴（Halipai）、卑南社（puyuma）、卑南西社（Pinasiki）等（陳奇祿，1996；魏桂邦，1995）。

　　在各社中，均有數個小集團，社內有各集團共用的靈屋和祭場。這種祭場謂之卡羅瑪安（Ka-romah-an）。卡羅瑪安內，設有頭目一職，也是該社的祭主。他們均相信同部落內的人，都是這個頭目的分家。卑南族有很強的母系社會制度，頭目的地位是父傳子，婚姻上採入贅。卑南族也有以年齡區分的階級制度，年齡階級的名稱或階級的數目，隨各部落而有不同。部落設有「會所」，為年齡階級的養成教育場所，同時也是軍事組織中心與推動部落公共事務之中心（王煒昶，1998；姚德雄，1986；魏桂邦，1995）。

　　卑南族傳統的信仰是以pirua（或biruwa、viruwa）這個概念為中心，包括了大自然的神、天地與四方之神、造人之神等。此外，他們還將人死後的pirua分為祖先（inapa pirua）與惡鬼（kuatis pirua）兩種。此外，卑南族的「Karumahan」（祖家）是頗具代表性的制度，在傳統信仰中亦扮演著非常重要的角色。它指的是「恭祀祖靈的小屋，有學者譯為靈屋或祖

廟。其眞正的意義爲『眞正的家』或『本來的家』」（林瑋嬪，1992），祭祖時則是以祖靈靈屋或祖廟爲氏族祭祀的中心。另外本族還有自成一格的巫術，目前在各村落中也多還保有傳統的巫師替族人治病、驅邪或執行生命禮儀（黃宣衛，2002）。

　　卑南族也是台灣原住民族中，最盛行巫術之族。一個部落中，通常有若干祭祀群，由同祖的家族所組成，以靈屋爲中心於年祭、收穫祭中舉行祭祀。主其事者爲祭司，負責主持與年祭、收穫祭有關的各種祭儀外，也管理有關戰爭、出獵之祭典。另外關於個人生命禮儀，以及家庭對祖先的各種祭祀，則由巫師主持。巫師中，女巫也十分盛行，主要是爲人治病與驅邪（王煒昶，1998；林恩顯，1990；姚德雄，1986）。

　　年祭與收穫祭，爲卑南族一年中最重要的兩項祭儀。前者多在元月間舉行，目的是向祖先及神靈祈福，保佑新的一年部落族人能平安；後者則在農忙後的七月間，以感謝上蒼賜予小米等食物。年祭之前，先有「猴祭」與「大獵祭」登場，時間約爲歲末十二月下旬。猴祭主角爲少年會所成員，以殺猴來試煉少年的膽識與武藝，兼去除當年的不幸，以及向成年人激勵，促其出獵。猴祭之後則是以青年會所成員爲主的大獵祭，青年攜帶簡單物品前往鳥占指示的獵場紮營，實施野外求生訓練與狩獵，爲期五天。通過大獵祭的訓練，青年方得以晉升成年人行列，有資格結婚。大獵祭結束後，青年返回部落接受英雄式歡迎，繼續「年祭」的展開（王煒昶，1998；林恩顯，1990）。

七、雅美族

　　雅美族是居住在台灣東南方海上的紅頭嶼（現稱蘭嶼）的原住民。蘭嶼是個由西北往東南逐漸細長的島嶼，山多且高。雅美族人在山麓沿海岸線，建有七個部落，包括（魏桂邦，1995）：

西岸的蕃社：伊毛烏魯多社（Imourod）、伊拉待社（Iratai）、伊娃塔斯社（Iwatas）、雅尤社（Yayu）。

北岸的蕃社：伊拉拉來社（Iraralai）。

東岸的蕃社：伊拉努米魯克社（Iranumilk）、伊娃力努社（Ivarimu）。

　　雅美族社會中並無常設的頭目制度。基本上是一個平等、非階級性的社會。個人的聲望與地位非由先天繼承而來，而是需要依靠個人後天的努力取得。雅美族的社會組織基本上屬父系社會，居所、土地及生產有關的系統運作也是父系群。不過婚姻、禁忌、工作互助、饋贈分配等參與關係則是運用雙系血親法則。族裡有村、社單位，卻無統一之權威。換言之，缺乏頭目制度。族群秩序之維持憑藉的是一些自然的社會調節與社會控制制度，如敬老、競富、集體責任等（王煒昶，1998；余光弘，2004；姚德雄，1986；魏桂邦，1995）。

　　就雅美族而言，漁業之重心為撈捕飛魚，每年三至六月的飛魚祭，為雅美人年中最大盛事。飛魚祭可分三個階段，第一階段是出動大船有關的儀式，其次為小船的儀式，最末是結束漁季的儀式（余光弘，2004）。雅美人通常於夜間集體出航，利用火把引誘飛魚上網。此種特殊之捕撈方式，除蘭嶼外，僅見於菲律賓巴丹島與日本青島，極富民族色彩。夜裡自島上遠眺，黝暗的海面上閃爍著點點漁火，景象令人難以忘懷。捕獲上岸之飛魚，多製成魚乾曝曬於屋前，過去是族人財富之象徵，如今則成為蘭嶼代表性之特產與美食（夏本奇伯愛雅，1994）。

　　雅美族男性在衣著上很獨特的一點便是「丁字帶」，漁獵是主要的生計來源，其中尤以春、夏之間的飛魚季節最為大家所熟知，達悟人視之為上天所賜予的重要食物來源，而整年的歲時祭儀也多半是配合著飛魚的捕撈活動而進行（黃宣衛，2002）。造船之外，製陶、打造金、銀器、雕刻、編織等，也是雅美族人物質文化的具體表現（王煒昶，1998；夏本奇伯愛雅，1994）。

八、魯凱族

　　魯凱族的人口數約有一萬餘人，分布在本島南方的中央山脈兩側，可謂是散居於海拔最高的族群，從台東縣的卑南鄉（稱為大南群或東魯凱群）一直到屏東縣霧台鄉與三地門鄉（西魯凱群）。另外有的學者將位於

高雄縣茂林鄉在日治時代稱之爲「下三社群」的部落也劃歸爲魯凱族，但由於歷史上的遷移以及環境的封閉，這三處無論在語言或風俗習慣上的差異都很大，甚至部落彼此之間也無法溝通（黃宣衛，2002）。

　　魯凱族社會階層存在著貴族（talialalai）、平民（lakakaolu）之階級區分。貴族直系當家之大頭目除與生俱來擁有實質的經濟之外，還有各種象徵性上的專利特權與權威（許功民，1993）。換言之，貴族享有血緣的優越權與土地所有權等經濟特權，住屋面積與雕飾皆有別於平民階級（王長華，1994；姚德雄，1986）。

　　和其他原住民族群一樣，小米也是魯凱族的主食，每年國曆八月十五所舉行的豐年祭是最重要的農耕祭典，會舉行族裡特有的盪鞦韆活動（Talaisi）。魯凱族基本信仰爲祖靈崇拜，其靈魂觀念還包括了精靈、鬼、神等。祖靈是一個獨立的範疇，但也包含在神的範疇之內；屬於頭目家族起源傳說的百步蛇是精靈，但同時又是祖靈和神，更是族人敬重祭祀的對象；神是創造人類的造物主，人的壽命也由祂決定；而舉凡樹木花草或山川溪流都其有專司的神明來負責管理（謝繼昌，民1995），由此可見魯凱族傳統神靈觀念的重疊性。另一個宗教觀念上的特色是，精靈或鬼神都具有「人」的性格，也與人的社會一樣可以區分出貴族與平民階級（黃宣衛，2002）。

　　魯凱族年度最大的盛事爲七月中旬舉辦的收穫祭，其重頭戲爲盪鞦韆活動。此爲嚴守男女之別的魯凱族人難得的社交場合，青年男女每藉此機會向心目中理想對象表達愛慕之意。其他活動尚有耐力絕食、馬拉松、祭拜祖靈、歌舞狂歡等。近年來大南群魯凱族人也將男子成年禮安排於收穫祭中，由頭目主持加冠禮（王煒昶，1998；林恩顯，1990）。

九、排灣族

　　排灣族主要分布在台灣中央山脈的南部山地及東南面山麓到海岸地帶，即自北緯23度略南的南北大武山區、大樹村山、牧丹山，一直延伸到恆春銳角地區。分隸於屏東縣八個鄉與台東縣四個鄉（包括太麻里鄉、大

武鄉、金峰鄉、以及達仁鄉）約共包括舊社單位七十六個，人口近七萬人（王嵩山，2001；黃宣衛，2002；台東縣政府，2001）。

　　排灣族的最重要的社會文化特徵有四個層面：第一，是其封建階級與宗教制度。第二，其親族組織中的親系法則既非父系，也非母系，而是建立在長系繼嗣與旁系分出的家氏系統上；也就是雙嗣合併家系制度，呈現出兩性平權的長系中心社會。第三，其寺建領主權制度與宗法制度相交織，更增加其社會制度之複雜性。第四，呈現出男女平權的血親主義（cognatic principle），以家宅為中心的長系承家原則（primogenitary unilineal principle）（王嵩山，2001）。

　　社會制度上，排灣族有嚴明的貴族、平民階級劃分。貴族又區分為核心貴族與支系貴族二級。支系分至第三層後，即降為平民。平民亦區分為武士與平民二級。貴族擁有農田、宅地之所有權，且享有土地、水源、山林、狩獵等稅收特權。平民則以農耕及狩獵所得向貴族納稅。階級制度也反映至命名、婚嫁、衣飾、家屋裝飾以及社會角色之扮演等生活層面上。然而階級差異可透過婚姻之途徑，達到社會流動之目的。部落中之高層會議，由大頭目召開，邀集各社小頭目參加（姚德雄，1986）。

　　本族人崇拜百步蛇，在其出色的石雕或木刻藝術當中，常會出現百步蛇的圖騰。傳統的宗教觀是超自然與多神祇的信仰，和魯凱族一樣認為「造物主」創造了萬物、而山川溪流也有其專司的神明。排灣族對祖先相當的敬仰與崇拜，祖靈也是與人類最親近的神明，所以他們將祖先的人頭像雕刻在許多器皿上，認為這樣就可以防邪鎮癘、並且保佑全家平安（龍寶麒，1968）。不論是祖靈或是超自然的神祇都有善靈與惡靈之分，而即使是惡靈也同樣都要恭謹的祭拜，以免它降禍於族人。另外，排灣族在每一個村落中都設有共同的廟宇（謂之「大廟」），用以供奉部落或族中的共同祖先（黃宣衛，2002）。

　　排灣族的原始藝術一向享有盛名，尤其在石雕、木雕與織繡的表現上，成為博物館與收藏家競相蒐羅之對象。木雕與織繡的圖形、技法十分細緻，具其圖形之變化及手工之精巧程度與其嚴密之社會階級息息相關。雕刻除表現於家屋的樑柱外，也存在於各種生活用具如木皿、殼筒、織布

機、蠟板、連杯、木盾、巫箱、刀、梳子、匙等表面。圖樣多爲百步蛇與人頭，顯現該族的精神內涵。排灣族的三寶：青銅刀、古陶壺、琉璃珠，爲貴族階級的傳家之寶，具有極高之民俗藝術價植。石板屋爲一項特例，極具民族色彩（王煒昶，1998；林恩顯，1990）。

　　五年祭（竹竿祭）爲排灣族最重要之祭儀活動，顧名思義此項祭儀每五年方舉辦一次，以屏東來義與台東土阪兩個部落最傳統並受矚目。除祭拜鬼神、驅逐惡靈、避邪祈福等儀與歌舞、宴食外，以最後一天的竹竿刺球活動最是高潮。排灣族另一項較重要之祭儀爲每年農忙後七月舉行的收穫祭，慶祝一年來的五穀豐收、狩獵豐盛。除祭祀祖靈，歌舞聯歡外，有時也舉辦民俗活動如盪鞦韆、刺球、射箭、頂上功夫等（王煒昶，1998；林恩顯，1990；許功明、柯惠譯，1994；魏桂邦，1995）。

十、鄒族

　　鄒族分爲南鄒與北鄒，目前總人口只有七千餘人。南鄒Saarua和Kanakanavu分別居住在高雄桃源鄉和三民鄉境；北鄒又稱阿里山鄒族，自稱爲「Tsou」（也就是「人」的意思）。悠遠的神話描述中，阿里山鄒人曾經活躍在雲林縣斗六至台南安平一帶廣闊的嘉南平野；目前鄒人主要分布在玉山北側、阿里山山脈、曾文溪上游、石鼓盤溪與清水溪一帶，集中於嘉義縣阿里山鄉境。聚落高度在四百公尺至一千兩百餘公尺之間（王嵩山，2001）。

　　鄒族的社會結構，呈現出「一個主要中心周圍環繞數個小旁支，主幹與分支彼此有明顯高低階序關係」的二元對立同心圓特徵；這個社會特徵因鄒人崇尚中心、主幹、本源，以及過去的基本價值，而得以穩定化。因此，住在大社的氏族和世系群的族長，擁有較大的儀式與經濟權力；在狩獵與戰爭中尊重權威的共享性分配原則下，獵物與土地往往集中於部落的頭目、征帥之家（王嵩山，2001）。

　　南、北鄒族生活習慣或語言上的差異性都頗大，所舉行的儀式和祭典內容亦截然不同，譬如北鄒族最著名的有一年一度的Mayasvi（戰祭），

目前是分別由達邦及特富野兩大部落輪流來舉行祭典儀式，南鄒族則有以祭拜祖靈爲主的「子安貝祭」。鄒族亦是父系氏族社會，有行氏族外婚及部落內婚的傳統習慣，遵守一夫一妻制，男子滿十六歲之後就可以結婚。氏族中的長老以及雙方父母在婚姻中有相當大的主導權。鄒人善長於狩獵，狩獵亦是鄒族男子必備的生活技能，它還被賦予社會倫理教化的功能，故鄒族人視狩獵爲必須嚴守各項禁忌的神聖不可輕浮之大事（黃宣衛，2002）。

鄒族在古時也曾有過獵人頭的傳統習俗。位於部落中的男子會所俗稱「庫巴」，女性絕足，舉凡是族中祭典、訓練部落青年或共商大事，都在會所內進行。鄒人傳統文化當中，很突出的一部分是其傳統的歌舞文化，而傳統的宗教信仰屬於超自然的神祇信仰範圍，主要的神祇包括天神、戰神、粟神、獵神、社神、土地之神、家神等等。鄒人最重視小米祭儀式（豐年祭），象徵一年的結束與開始，傳統的祭儀往往可以長達一個月之久，而祭儀主要的動機是以祈求小米的豐收爲訴求，並表達對神明護祐的感謝，一方面透露出強烈的巫術性格，再者也透過儀式的舉行，提供了血緣氏族與地緣部落再凝聚的社會文化功能（黃宣衛，2002）。

在鄒族社會文化基礎之上，結合了鄒族內斂自信、自成一格的表達方式，歌舞活動反映出人、我、自然的關係。戰祭歌舞強調凝立、端肅的精神、沉緩而不遲滯的敬謹吟唱與移動，有人際的諧和與凝聚的重量，表現鄒族理想而穩定的社會秩序。其次於夏之際之收穫歌，不但表現收穫的歡愉與對來日寄託希望，也有惕勵勞動、鼓舞共作關係、以及恭敬的感激小米神的音韻搏動（王嵩山，2001；王嵩山，2004）。

十一、賽夏族

賽夏族居住在海拔五百公尺及一千五百公尺之間的淺山地帶。賽夏疆域主要涵蓋目前行政區劃分的新竹縣五峰鄉的大隘村、花園村，苗栗縣南庄鄉的東河村、蓬萊村、南江村一帶，以及苗栗縣獅潭鄉的百壽村附近（王嵩山，2001）。賽夏族主要分布於中央山脈西側的新竹縣與苗栗縣交

界的山區，人口大約有七千人左右，一般學者又將之分為南賽夏（居住於苗栗縣南庄鄉）、北賽夏（以新竹縣五峰鄉為主要聚居地）兩大群。賽夏的姓氏原則相當的清楚，兩百多年前清廷曾迫其改從漢姓，因此便依據其族群原姓，擷取意思相近或直接音譯的方式來選擇姓氏，大抵是以動物、植物、自然現象等做為氏族的名號，例如日、風、豆、絲、樟等，皆屬賽夏族的大姓（黃宣衛，2002）。

此外，可以呈現出賽夏社會文化中氏族組織特質的還有獵頭團體。做為戰爭人員徵集單位的獵頭團體與祖靈儀式團體的範圍相一致。當某一祖靈儀式團體，亦即同姓、共食團體決定從事遠征之舉，即與部落裡面異姓的共食團體斷絕往來。但會先在該村社內豆姓頭目家先行商議，豆姓人為賽夏族軍事行動前之當然司祭，而其村社之豆姓頭目為該村社之獵頭司祭。賽夏族氏族組織在功能上所具備的宗教性質成為社會整合基本因素的情形，也見之於其他儀式掌有權和氏族的結合關係上（王嵩山，2001）。

換言之，賽夏族的部落，乃由幾個「儀式團體」所組成，通過儀式的聯結使得親屬的範圍與地域的範圍，共同形成部落組織的主要基礎。一個部落內的共同首長，其產生由主要氏族之首長任之，即由此氏族之中選一人擔任，並經常形成家族世襲（由於較能熟悉公共事務）的現象。共同首長的主要任務，在於執行長老會議所決定的事情，而部落中實際上的領導機構，則是氏族長老會議，負責公共事務的決策（王嵩山，2001）。

賽夏族乃父系社會，南、北賽夏族各設有頭目一名，而每一個家族裡頭長老的地位非常的崇高。一年當中的各個祭儀，例如祖靈祭、播種祭與掃墓，即分別由不同姓氏裡的重要家族長老負責來主祭的。賽夏族神祇系統頗為複雜，有傳統的超自然信仰，也相當強調祖先崇拜的重要性，因此以祖靈祭和兩年一次的矮靈祭最受到重視。賽夏族的矮靈祭是全族性祭儀活動，每隔一年在小米收穫完畢後的農曆十月月圓之時，每隔一年舉行一次，以矮黑人（taai）之靈為對象所舉行的，儀式的目的乃在迎送這些異族的死靈，而矮靈祭的迎靈歌舞在平日是絕對禁唱的。儀式不僅只是做為與自然間溝通的手段，更呈現出其如何與其他制度結合、維護社會運作的順暢，保持穩定的社會關係的功能（王嵩山，2001；張致遠，1997；黃宣衛，2002）。

十二、邵族

　　日月潭南面有一小部落，即卜及社，為邵族的部落。邵族居住於日月潭畔和水里鄉頂崁村一帶，過去通稱為「水沙連化番」，主要聚落包括了頭社、卜吉社、水社、審鹿社、貓蘭社等。目前人口數為三百人左右，大概可以號稱是世界上最迷你的族群了（陳奇祿，1996；黃宣衛，2002）。

　　邵族原有的部落組織與氏族組織一致，即一個氏族成員多聚居一地而構成一個部落，雖然每一部落常有一二氏族依附其間。因為氏族與部落多少可謂一致，故氏族族長亦每即地域領袖。地域領袖通常有助手二人，傳令一、二人。因族長由長嗣世襲，故頭目亦然。助手亦有世襲之傾向。傳令通常有頭目家屬中之年輕者擔任之。如村有要事，頭目不能作單獨裁決時，得召開部落會議。部落會議由各戶戶長為其成員（陳奇祿，1996）。

　　邵族傳統宗教信仰的核心亦是祖靈信仰，祂平時會保佑族人平安、並賜予福祉。邵族人對於自己祖靈的祭拜與傳統文化祭儀的按時舉行都非常的堅持，其祖靈分成「最高祖靈」及「氏族祖靈」兩種，前者是具有最高權威的神祇，據說居住在光華島上的大茄苳樹裡，法力高強可以驅逐惡靈；後者則是各個氏族的始祖靈。邵族和其他的原住民一樣，也有巫術及巫師，而其最特殊的一個宗教文化即是拜敬祖靈的公媽籃（即祖靈籃）。邵族人相信祖靈就在籃子當中，這是邵族各種重要的宗教儀式裡，最主要的進行方式。在邵族人的原始歲時祭儀中，以陰曆三月的播種祭、除草祭、七月的狩獵祭（又稱白鰻祭）以及八月收割祭及所有祭儀中最重要的豐年祭（唐美君，1996；黃宣衛，2002）。

十三、賽德克族

　　賽德克族由於早期東遷的緣故，因而又以中央山脈為界，再分為東、西賽德克群。賽德克族的分布區域除了少數族人居住於中央山脈附近的南投縣仁愛鄉外，其餘大多數的族人多居住於中央山脈以東，亦即花蓮縣立霧溪、木瓜溪流域範圍內的秀林鄉、萬榮鄉、卓溪鄉一帶（廖守臣，1984；陳茂泰、孫大川，1984）。

賽德克亞族的族人稱「人」為Sedeg，昔時文獻認為在中央山脈以西者稱西賽德克群，以東者稱東賽德克群。事實上，從起源傳說、語言等各方面係屬一個族群，仍稱為賽德克，通常分為德其塔雅（Teka-daya）、道澤（Tauda）、太魯閣（Toroko）三群（廖守臣，1984；陳茂泰、孫大川，1984）：

(一)德其塔雅群：此群因居住地之不同，又有德其塔雅群（文獻上稱霧社群）與木瓜群之分。德其塔雅群分布於南投縣境霧社與盧山間的濁水溪兩與眉溪上源一帶，木瓜群為德其塔雅群之分支，分布於花蓮，清時以其居住地主要分布於木瓜溪流域，故以此命名。

(二)道澤群：目前主要分布在南投縣仁愛鄉精英村、春陽村，及花蓮縣卓溪立山、崙山諸地。

(三)太魯閣群：清時，居於南投縣仁愛鄉靜觀一帶及花蓮縣秀林鄉之山區。目前族人居住於南投縣仁愛鄉松林、盧山、靜觀等村，花蓮縣秀林鄉與萬榮鄉，另外尚有一部分居住於卓溪鄉立山村、吉安鄉慶豐、南華與福興等三村。近二十年來，花蓮地區的東賽德克群不斷宣稱自己為「太魯閣族」而非泰雅族，當地居民堅稱與泰雅族血統不同，且兩族的語言、服飾、工作技術，乃至黥面的花紋均不同，所以與泰雅族有別（陳茂泰、孫大川，1984）。

簡言之，賽德克族（Sedeq）是以濁水溪、立霧溪、木瓜溪諸溪本流及支流所屬流域為根據地。賽德克族（sedeq）主要有三個語群，包括太魯閣（Truku）─托魯閣群、道達（Toda）─陶賽群、德奇塔雅（Tkdaya）─霧社群，所含蓋的區域包括花蓮縣境內之秀林鄉、萬榮鄉、卓溪鄉、宜蘭縣南澳鄉、南投縣仁愛鄉（瓦旦吉洛，2008；沈明仁，1998；張秋雄，2008；劉玉玲，2000）。賽德克族人篤信Utux tmninun（編織人類生命的主宰），同時非常敬重視祖靈，對賽德克族人而言，祂是統管萬有獨一的創造者，是自有、永有、昔在、今在、永在的保護者（張秋雄，2008；瓦旦吉洛，2008）。

在農耕祭儀與狩獵文化上，賽德克族之居地及活動範圍在重山峻嶺獵主。其傳統之農耕以輪休的山田燒墾主類的甘薯。小米常用來釀酒，除供

農業祭儀賽德克族在每一農事階段皆配合有不同的祭儀，如開墾祭、除草祭、播種祭等。傳統賽德克族社會中，女耕男獵是基本的責任與本分。傳統獵人在其社會中享有崇高的地位，如欲決定族中長老或頭目，先決條件之一即是獵場上之擅獵者，因為其必須能夠掌握族群生活領域之生態狀況（劉玉玲，2000）。

　　其次，紡織是賽德克婦女專屬之工作，一如男子之聲望以獵首成績為準，女子之社會地位則以紡織技巧之拙劣來評定。女孩子在孩提時，母親織布時便在一旁學習，年紀稍長，始親自操作，母親在旁指導，直到熟練織布技巧止。不會織布的賽德克女子不僅地位低落，不能紋面，婚配困難，死後更不能通過靈魂橋（彩虹）回歸祖靈之地。昔日，賽德克族被稱為「有黥蕃」、「黥面蕃」、「王字蕃」等，即因其顯著之紋面（Ptsan）表徵。關於紋面之起源傳說以洪水與近親通婚及巨石始祖與近親通婚流傳較廣，其次為原漢識別傳說。賽德克族之紋面形式男子以額紋、頤紋為主；女子則額紋與頰紋為主。其紋面之功能如下：（田貴實，2011；劉玉玲，2000）

1. 族群與系統識別：為避免誤傷或誤殺自己的同僚，為免重蹈覆轍，故男子始有刺文。
2. 成年的標誌：就社群的角度而言，紋面可視同成年禮，完成紋面的青少年，即可脫離不必負擔社會任的兒童期。
3. 美觀：對族人而言，紋面除有社會功能外，另一種為重要因素為美觀。
4. 檢驗女子貞操：族人認為紋面失敗，是紋面者在刺紋面前，曾經犯過錯，尤其嚴格禁止婚前的性行為。
5. 避邪繁生、繁衍
6. 表彰個人英勇與能力
7. 通往靈界的祖靈識別

　　賽德克人熱愛唱歌，大體可分為祭歌、酒歌和工作歌，而舞和歌常是相互結合的。祭歌多是集體舞蹈時在室外合唱之歌曲，歌曲頭尾常有重覆或間隔重覆，音調哀怨而單純；酒歌是飲宴時室內唱的歌曲，通常是一

人獨唱或數人合唱；工作歌是在田間耕作時，或春末時節所唱的鋤草歌和
杵歌。舞蹈多以歌聲調節舞步，可分爲祭舞和酒舞。祭舞以部落或祭團爲
單位，男女數十人共舞，互相交叉攜手一字平陣或環陣，酒舞由三、四人
並肩而舞或對舞。賽德克樂器以木鼓（織布用之機桐）及木琴、口簧琴最
著名。口簧琴是最具特色的賽德克樂器，有單簧、雙簧及多簧等多種，
年輕賽德克男女戀愛談心時，常以口簧琴來表達彼此的情意（劉玉玲，
2000）。

十四、撒奇萊雅族

於2007年1月17日，行政院正式公布撒奇萊雅族（sakizaya）爲台灣第
十三族，撒奇萊雅族人從此名正言順的取得了正名，亦從此離開阿美族近
百餘年之懷抱。溯及西元1630年間，撒奇萊雅族即已分布在奇萊平原（花
蓮平原）上，惟因漁權問題曾擊退來自蘭陽平原遷移花蓮之噶瑪蘭族，並
與噶瑪蘭族結盟共同出擊太魯閣族。然於嘉慶17年、咸豐8年及同治3年，
因漢族侵犯撒奇萊雅的土地而擊退之。惟於光緒4年（1878）3月間，大
清帝國入侵統治，漢人欺壓及凌辱位於北方加禮宛之噶瑪蘭族乃聯合撒奇
萊雅族共同抗清。戰役初期，撒奇萊雅族捷報連連，清軍死傷慘重，至清
軍以火攻致部落全被燒盡；此時，爲避免遭滅族之痛，頭目群共同商議先
連速告知部落逃離家園，旋即揖門投降，自此，撒奇萊雅族人懷著歷史創
傷，以隱姓埋名混居於阿美族人之中。

幸之，先賢撒奇萊雅族耆老如李校長來旺、徐總頭目成丸、高頭目幸
一等人，於2000年3月間即展開正名運動，2007年1月取得正名。

(一)撒奇萊雅族演進

撒奇萊雅在清代文獻中寫成「筠郎耶」及「巾老耶」。事實上，早西
班牙統治北台灣時即出現"Saquiraya"；而在荷蘭文獻上，也將它紀錄爲
Sakirarra、Saccareya或Zacharija。花蓮早期地名稱爲「奇萊」，即是因接
觸到這個族群而得名（康培德，2000；潘繼道，2001）。

"Sakizaya"人原來分布在奇萊平原（花蓮平原）上，範圍相當於現

今的花蓮市區，花蓮舊稱「奇萊」，是擷取"kiray"的音而來。Sakizaya
一詞意義不明，只知是特殊的一群人，使用的語言亦稱為"Sakizaya"。
"Sakizaya"的語言與阿美族不同，兩者間的差異程度幾近無法溝通的地步
（陳俊男，1999；駱香林，1979）。

　　記載Sakizaya的時間可以追溯至西元1630年代，在西班牙統治台灣北
部與東北部時，將此區劃分成三省，其中Turoboan省之Saquiraya即指現今
的Sakizaya。到了荷蘭時代，荷蘭東印度公司為了探尋東部的金礦產地，
屢屢派出探險隊到東海岸去，在西元1638年探險隊Wesslingh回報說東海岸
的Sakiraga等地方有金子，所記錄的Sakiraga指的亦是Sakizaya。清代，周
鍾瑄在西元1717年的【諸羅縣志】所記載之「筠椰椰社」是"Sakizaya"的
音譯名。至西元1878年的Takoboan事以後，才將"Sakizya"改為「歸化社」
（周鍾瑄，1968）。

　　至1899年，伊能嘉矩（1997）在【台灣蕃人事情】裏將阿美族分為：
恆春阿美、海岸阿美、秀姑巒阿美、奇萊阿美（南勢阿美）。此時，首次
將"kiray"「奇萊」一詞記之。惟在原住民九族當中，並沒有"Sakizaya"，
目前的民族分類中，Sakizaya人是被歸類於阿美族中，被定位於阿美族
中之南勢阿美（陳俊男，1999）。"Sakizaya"人原來分布在奇萊平原（花
蓮平原）上，範圍相當於現今的花蓮市區，花蓮舊稱「奇萊」，是擷取
"kiray"的音而來。Sakizaya一詞意義不明，只知是特殊的一群人，使用的
語言亦稱為"Sakizaya"。"Sakizaya"的語言與阿美族不同，兩者間的差異程
度幾近無法溝通的地步（陳俊男，1999；駱香林，1979）。

(二)分布

　　Sakizaya人在十九世紀中葉以前，分布的地區僅限於花蓮平原，隨著
加禮宛事件的戰敗，平地人大量進入花蓮平原，加上日本時代，為為逃避
勞役以水災因素，Sakizaya人除了在平原上的小範圍遷徙外，同時，也開
始向平原以地方作大範圍的遷徙（陳俊男，1999）。目前，Sakizaya人居
住地較多的地方包括花蓮縣新城鄉北埔、吉安鄉，花蓮市美崙、德興、國
福，花蓮縣壽豐鄉光榮村、月眉村、水璉村、鳳林鎮山興里、豐濱鄉磯崎
村及瑞穗鄉舞鶴等。

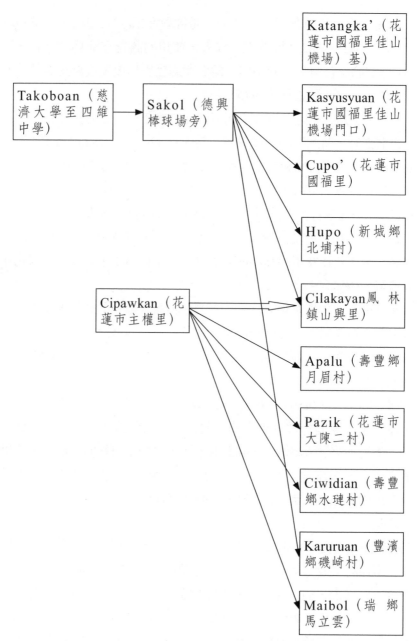

✿圖1-1　撒奇萊雅族遷徙路線

資料來源：陳俊男（2010）。撒奇萊雅族的社會文化與民族認定（頁49）
　　　　　（未出版之的博士論文）。國立政治大學，台北市。

(三)語言

從十七世紀到二十世紀，三百多年的發展，原本人口數可以達到一萬人以上，不過中間經過Takoboan事件，使得部落分散、人口減少，並退出平原支配權的角逐。部落的分散，加上與他人尤其是阿美族通婚的結果，使得Sakizaya人失去人口大量成長的機會，四千多人的Sakizaya人混居在十四萬阿美族的人口裡，造成社普遍普忽視了Sakizaya人的存在，而人口數的偏低，約六百人，致而直接影響到語言的使用型態。

基本上，撒奇萊雅族所使的語言和阿美族有所差異。尤其，撒奇萊雅族的語言與中部阿美、南部阿美、馬蘭阿美、台東阿美、都市阿美（台中市、桃園市、新北市和台北市）差異性大。進而言之，不論在語系統、語彙（人稱、主格、受格、屬格、所有格）、數字、時間、動物、人物、身體部位、植物、動作、狀態、自然景物、日常物品等，均有差異。根據陳俊男（2010）研究發現，撒奇萊雅族與阿美族語字典字彙（2114字），相同占41.4%、相異占58.6%；在常用詞彙（2200）上，完全不同占47%，可以相通占53%（陳俊男，1999）。

(四)社會組織

撒奇萊雅的社會組織主要包括親族組織、頭目制度、年齡階級結合而成，其中頭目制度和年齡階級尤爲撒奇萊雅的重要社會組織。頭目制度係由部落耆者組成的老人政治組織，除頭目外，尚設副頭目，並有若天耆老組織之顧問群，以作爲輔佐頭目管理部落事務的諮詢單位。

至於，年齡階級尤爲撒奇萊雅的社會組織之特色，是撒奇萊雅的社會組織部落重要的政治組織，凡部落的公共事事務均通過年齡階級而完成。在執行部落事務時，年齡階級的執行長對每一個青年有絕對的指揮權和賞罰權利。他是部落事務計畫和執行的指揮者和行動者。舉凡部落事務如家屋整建、捕撈、狩獵、民俗競技活動等，均由執行長負責推動。

(五)文化

撒奇萊雅族具有豐富的文化，包括捕魚祭、火神祭及豐年祭等。其中，火神祭實爲撒奇萊雅族具有獨特性之祭祀文化，爲其他族群見所未有的文化；同時，豐年祭亦爲撒奇萊雅族具特色的文化之一。以豐濱鄉磯崎

部落之豐年祭爲例，其主要文化內容包括（洪清一、洪偉毓，2008）：

1. 採藤心

藤心是撒奇萊雅族祭祖靈、祭神、祭天之聖品，是宴請佳賓與貴客之尚等菜餚，亦部落英雄指標與象徵之一。因此，是豐年祭第一天的主要活動包括狩獵、採藤心。部落的男士就分別到自己的獵區，或自己熟悉的山區開始狩獵及採藤心。

2. 殺豬

殺豬是豐年祭不可或缺而且神聖的工作。殺豬主要的目的是用豬心、豬肝祭拜祖靈，祈求祖靈庇祐賜福，期望祖靈風調雨順，避免災禍降臨，因此，殺豬是用來與祖靈溝通之媒介；另一個主要目的是作爲凝聚部落，文化習禮之要素；其次，爲部落年齡階級兩天豐年祭午餐之用，並分享全家、部落及外賓。

掌理殺豬之事是由50至59歲之Lala'o（大雷鳥）年齡階級負責，由該年齡階級推派年長且熱心的人擔任，主要工作包括買豬、殺豬、烤、解剖、切塊、煮等事項。

3. 迎靈、祭祖靈

迎靈與祭祖靈是豐年祭重大的事項，是不可或缺之儀式，是豐年祭首要辦理的工作，否則，不可冒然進行豐年祭的任何活動。

祭祖靈祭品有米酒、藤心、豬肉、鳥、山豬肉、豬心、豬肝、檳榔一串、糯米等。將此等祭品置於中型的竹簍盤，三杯米酒放在竹簍籃的前方，參加人員爲所有部落的年齡階級排列，主祭由頭目擔任，陪祭者由副頭目、顧目、與祭者則爲全體部落男士。

4. 報訊息（patakus）

撒奇萊雅族是熱情、好客及分享的民族，當家有喜事時，除告知家族、家屬之外，亦傳達左右鄰居人士知曉參與及分享。因此，當部落舉辦大型的活動時，如豐年祭，均會告知鄰近的部落社區，誠摯邀請蒞臨參加，因此，報訊息已由來己久，從不間斷。

撒奇萊雅族的報訊息通常是在豐年祭的第二天上上十時左右。從年齡階級中之Mawuway（藤條）挑選三位。基本條件是：身體力強，高壯有

力，熱心公益，能言善道，謙恭達禮，而且，酒量甚佳者。

（六）年齡階級

撒奇萊雅族稱年齡階級為「米沙斯拉爾」（Misaselar），　是社會組織重要的制度，具有教育、政治及生產的功能，各級置級長一人、幹部二人，幹部由各級表決或推派擔任。各級間之互動與聯繫為下級對上級須敬重服從，而上級對下級則有管教指揮之權利。凡國小五、六年級以上的部落男子，均須參加年齡階級組。撒奇萊雅族的年齡階級可分九級如下表：

✿表1-1　撒奇萊雅族的年齡階級

次序	年段	級名	化名	意涵
	90～	Matabog	巨人	時代偉人
1	80～89	Alabangas	神木	德高望眾
2	70～79	Aladiwas	大巨輪	無畏無懼
3	60～69	Alamay	昭和草	隨遇而安
4	50～59	Lalao'	大雷鳥	鳥鳴驚世
5	40～49	Alemed	春不老樹	生命永恆
6	30～39	Mawoway	籐條	堅韌挺直
7	20～29	Mawolach	鋼鐵	身強體壯
8	15～19	Mawolad	露水	滋養大地
9	～14	Matabog	巨人	時代偉人

資料來源：洪清一、洪偉毓（2008）。花蓮東海岸撒奇萊雅族豐年祭之研究——以豐濱鄉磯崎村為例。**台灣原住民研究論叢**，4，65-100。

每逢豐年祭時，年齡階級的主要包括搭建會場、會餐、跳舞、膳食料理、分食、狩獵、採藤心、殺豬、抓魚等事項，主要工作內容如下：

6. 搭建豐年祭場地

約在豐年祭的前三天時，執行長和村長即召集部落的男士召開籌備會及工作分配，尤其，整理豐年祭會場是首先處理的工作。場地的工作包括牌樓的搭建，大會場黑網及帆布之搭建，領唱台、祭台等。

7. 部落男士大會餐

撒奇萊雅族各年齡階級男士大會餐，亦是豐年祭的盛事，會餐支係以男士為主，女士不准進入會場與其共食共餐。

8. 頒獎狩獵王、捕鳥王、藤心王

基本上，磯崎部落之撒奇萊雅族的豐年祭中之飲食文化是一種共食共享主義，亦即，豐年祭第二天的午餐之食物、食品、菜餚，完全是由全體部落居民所提供，為了鼓勵部落男子競賽與競技，特別舉行狩獵王、捕鳥王和藤心王的頒獎典禮。

9. 宴請賓客

撒奇萊雅族是一個熱情好客、喜事分享的民族。因此每逢豐年祭的第二天中午12時，都會主動的、熱情地邀請外賓參與。菜餚包括：山豬頭、白鼻心頭、飛鼠頭、各種野獸的肉塊還加各種鳥類的肉塊，籐心、青蛙、溪蝦、溪魚及海菜等。

10.舞蹈表演

撒奇萊雅族豐年祭的核心乃為歌舞與樂舞，豐年祭的樂舞其實貫穿且浸濡在整個豐年祭的過程中，是互為一體，密不可分的。

11.巴歌浪（pakalang）

巴歌浪是指慶功宴之意。是在豐年祭的最後一天，即第四天進行。基本上，巴歌浪亦有其重要的內容與意義如下：

(1)慶功慰勞

由於四天之豐年祭工作辛勞，日夜無休。因此，「巴歌浪」就有大事告成，事已終止，任務圓滿達成，心中之事，終以了結，肩負之重責，亦終得釋重，始而步入平日之生活步調。

(2) 捕魚

基本上，「巴歌浪」的重點在於捕魚，再將所捕到的魚，作爲慶功宴之主食。事實上，「巴歌浪」之原意是到河邊抓魚，一邊抓魚，一邊就地洗澡，將身體用溪水浸身泡水。其意義在於藉以抓魚之樂趣，忘卻籌備豐年祭之辛勞，以清水洗滌每日之汗水，再以抓到魚食用之時，以魚腥味沖抵野味，將留存在嘴裏和齒縫間之豬油味，用魚味予以沖洗，撒奇萊雅族語叫做「腥味化」（pananglis）。申而言之，即忘掉連日來的激情，早日步平日的生活，避免留戀忘懷之意。因此，當豐年祭進入「巴歌浪」時，亦象徵著豐年祭之結束，亦代表著新生活之展開，心緒之轉變，態度的重整。

(七)樂舞

撒奇萊雅族人向來能歌善舞的民族，歌舞素爲生活的一部分，而且，樂舞不分，互爲一體。一般而言，撒奇萊雅族的樂舞如同阿美族可分四大類（黃貴潮，1994c）：

1. 祭典歌舞

傳統信仰中認爲人的一生與神靈有密切的關係，如豐年祭、火神祭、播種祭等在儀式上所使用的歌舞。

2. 工作歌舞

也稱之爲勞動歌舞，包括了搗米歌、除草歌、犁田歌、砍材歌、消遣歌等與工作時候相關的歌謠。

3. 生活歌舞

包含層面很廣泛，飲酒時候所唱的歌謠、愛情歌謠、勸世歌謠、詼諧的歌謠、敘事的歌謠等等都屬於此分類，如族人在社交、婚宴、新居落成時所演唱的歌謠，演唱時相當輕鬆與歡樂。

(八)神話傳說——小海神的新娘

古早時期，撒奇萊雅族就與大自然合爲一體，視己爲宇宙萬物中之一員，凡生活周遭之萬物均有著各種不同的關係和情感維繫，更與宇宙萬物皆有生命間之相連與意義。

相傳遠古時期，海洋和陸地是沒有界限的，海水可以到達陸地的任何

一個地方，居住在陸地上的族人，常常擔心生命財產被海水侵襲。始祖福多茲及莎法的女兒羅法思，她有一個女兒叫西麗雅安。她白　的肌膚發出柔柔的紅光，非常的美麗。

　　有一天，西麗雅安到海邊嬉戲，邂逅了海神之子法拉卡斯。海神之子被她的美麗所著迷，多次強行提親，卻沒有結果。海神之子憤怒之餘，便施法引發海嘯，淹沒部落。由於法拉卡斯好玩樂，戲弄漁民，因此，撒奇萊雅族「玩耍」、「戲弄」的單字就叫法拉卡斯（balakas）。

　　殘存的族人於是向羅法思求救，請求犧牲她的女兒以拯救部落，羅法思無可奈何，只好答應。她將女兒裝入箱內，放入海上任其漂流，霎時海面上散射出一片紅光，海嘯便漸漸退去。事後，羅法斯非常思念女兒，於是她帶著三個兒子和一支銀色鐵杖，沿著箱子漂流的方向，一步一步的向南尋找女兒。有一天，當她來到了「達拉瓦丹」，也就是秀姑巒溪口時，氣憤的丟下銀色鐵杖，向海神說：「以這支鐵杖為界，海水不可以過來！」從此，東海岸出現了一道銀色沙灘，成為海陸界線，而海水再也不可以任意的侵犯陸地了。

　　羅法斯的兒子們並沒有停下來找妹妹腳步，後來他們成為了其他原住民族的祖先，而西麗雅安則成為海上的一盞明燈，拯救在海上發生危難的族人（財團法人花蓮縣帝瓦伊撒耘文心藝術基金會，2007）。

　　撒奇萊雅族雖早已居住於花蓮奇萊平原，卻歷經多次戰役，為永續民族命脈，採隱姓埋名混居於阿美族人之中，致而原生的部落生活全樣貌及習性，已在漫長歲月中被阿美族化了，所幸社會組織尚留其原始性和濃郁度；惟語言的純正度與區別性受到不少的影響，致而族人較缺乏文化認知，文化意識較不清，對民族的向心力與認同感亦相對薄弱，致而人口不及千人，實為當前重要的課題。

十五、拉阿魯哇族

　　現今拉阿魯哇族（Hla'alua）人主要聚居的行政里係以高中里和桃源里為主。拉阿魯哇族是屬於聚居的部落型，有嚴格的會所制度與領袖制

度。拉阿魯哇族有大社和子社之分。所謂大社是一個完整而獨立的政治與軍事實體，古老的制度中，必須擁有會所、能夠舉行全部部落性祭儀部落，才有資格稱爲大社。其次，拉阿魯哇族各社有固定的領域，每一社的主要構成單位，則是各社的父系氏族，每個氏族都有氏族直接掌管的獵場或耕作地，並有獨立的頭目制度、集會所制度，以及各社的聖貝祭（miatungusu）祭儀（陳逸君、劉還月，2011）。

拉阿魯哇族的社會組織乃採以部落爲單位的頭目制，世襲制，是地位最高的領導人，擁有絕對的指揮權與裁決權，部落中的一切事務與糾紛，都依他的裁決爲最高準則，對於犯小過的社人，還可以逕行加以懲處。拉阿魯哇族的社會制度，對於公共事務，採取共工共食的制度，但爲了方便工作的進行，同時採取兩種分工制，包括兩性分工以及年齡分工（陳逸君、劉還月，2011）。

拉阿魯哇族傳統的神靈信仰，包括有生靈、物靈和神祇等之超自然觀念。依據過去學者們的研究，其最重要的儀式爲：歲時祭儀（小米耕作祭儀、稻作祭儀）、聖貝祭和敵首祭。拉阿魯哇族有一項較不同於他族的祭儀，即爲每隔兩、三年舉行一次的miatungusu（聖貝祭）。由於族人視聖貝爲太祖之靈的居住所，因此舉行祭儀以祈求平安豐收、族人旺盛，並藉以宴饗太祖之靈（陳逸君、劉還月，2011；https://www.apc.gov.tw/portal/docList.html?CID）。

拉阿魯哇族爲了支配整個族人信仰的ihlitso，因此有了不同的歲時祭儀，如小米播種祭、小米收穫前祭、嚐新祭儀、收藏祭、聖貝祭（miatongusu）。拉阿魯哇族（Hla'alua）相當注重農耕祭儀，聖貝祭（miatungusu）就是農耕祭儀中，祭祀貝神而衍生出的祭典，貝神也是拉阿魯哇族主要的圖騰象徵。miatungusu是農作（小米、稻米）收穫過後之二年或三年間，所舉行的一次大祭。祭拜takiarʉ（貝殼、貝神）內含於期間儀式舉行，古傳是屬於美壠社特有之祭儀。本祭典固定由世襲、擁有主祭家世背景者來主持。家祭由該家的首長所主持，可由本人進行，也可由家人代行（陳逸君、劉還月，2011；https://www.apc.gov.tw/portal/docList.html?CID）。

　　拉阿魯哇的家祭日期都是由主祭者rahli（頭目）事先決定，再通知下屬，並告知全社於同天內舉行。miatungusu的重頭戲在於「聖貝薦酒」，即將聖貝浸在酒裡，看顏色變化，如果變紅色就是太祖酩酊之狀。其由來乃依據口碑，述說拉阿魯哇人與kavurua（小矮人）都同住在Hlasʉnga這個地方，而takiarʉ貝殼是kavurua的寶物。有一天，拉阿魯哇的祖先要離開Hlasʉnga，kavurua的人很難過，當拉阿魯哇人要離開時，就把他們最珍貴的寶物takiarʉ贈送給他們，並交代拉阿魯哇人，要把貝殼奉為自己的神來祭拜，於是takiarʉ從此就成為拉阿魯哇族的神，也是目前的圖騰表徵（陳逸君、劉還月，2011；https://www.apc.gov.tw/portal/docList.html?CID）。

　　另之，美瓏社每年都虔誠祭祀的十二貝神，每一種均有不同的神名及代表不同的意義。貝神共有12個，各有衪們的名稱，分別為：(1)勇猛神：能保護族人成為勇士；(2)狩獵神：能保佑族人狩獵時都能獵到獵物；(3)健康神：能保佑族人身體健康強壯；(4)食物神：能保佑族人每年都有豐富的食物可用；(5)驅魔神：能驅逐妖魔永不附身；(6)勤勞神：能保佑族人勤勞工作；(7)平安神：能保佑族人做任何事均能相安無事；(8)驅懶神：能使族人驅離懶惰；(9)狀元神：能保佑族人出人頭地、成大業；(10)守護神：能守護部落的族人化險為夷；(11)聰明神：能保佑族人個個都聰明；(12)風雨神：能保佑年年風調雨順、遠離天災（陳逸君、劉還月，2011；https://www.apc.gov.tw/portal/docList.html?CID）。

十六、卡那卡那富族

　　卡那卡那富族（kanakanavu）主要分布在高雄那瑪夏區的族人。卡那卡那富族、拉阿魯哇族與嘉義縣的阿里山鄉、南投縣信義鄉久美社區的鄒族人，有很長的一段時間被統稱為「鄒族」，之後因語言差異甚大，完全無法以族語溝通，且三個族群各自有自己的歷史想像、起源傳說、祭典儀式及傳統的社會結構，經卡、拉兩族的申請「正名」，政府於2014年6月26日以正式的儀式宣布，認定各為獨立的族群。拉阿魯哇族為第15族，卡那卡那富族為第16族，目前登記為卡族之人口數約有356人（陳逸君、劉

還月，2011；https://www.apc.gov.tw/portal/docList.html?）。

　　卡那卡那富族的社會組織是部落和長老會議爲主。卡那卡那富族的部落均有一個階級分、分工清楚的部落組織，稱之tanasan，即大社制度，是卡那卡那富族最大的祭祀團體與政治團體，每個tanasan中，都設有長老會議，是一個獨立的立法機關與最高的政治機關。長老會議的召集人爲部落頭目，所有部落中的重大事務，均須交由長老會議裁決後，方可施行。其次，卡那卡那富族是以父系爲主建構的氏族社會，是具代表性的社會組織，亦即，是一種父權社會，父親在家裡或氏族中，是唯一的權力者。換言之，卡那卡那富族是由數個地位平行的家族所構成的一個族。在卡那卡那富族的社會中，每一個家庭都有主掌之人稱爲marangʉ（家長）。傳統上家長一律由男性擔任，即所謂的父系氏族。部落事務以體力來分工，粗重危險由男性擔任、家務和製作服飾則爲女性工作，農事男女皆可執行（陳逸君、劉還月，2011）。

　　卡那卡那富族傳統的經濟生活以農耕燒墾爲主，狩獵捕魚爲輔。傳統作物有小米、旱稻、糯稻、地瓜、芋頭、玉米等。狩獵上以男性擔任爲主，狩獵期間約於9月至隔年4月，約爲農閒期間，可分個人與團體。個人的狩獵目的爲家庭食物覓尋；團體則大部分爲祭儀所需。卡那卡那富族的主要祭儀包括開墾祭、播種祭、除草祭、拔摘祭、藜出穗祭、驅鳥祭、結實祭、收割開始祭、收割終了祭、米貢祭、敵首祭、河祭等（陳英杰、周如萍，2016；陳逸君、劉還月，2011）。簡言之，卡那卡那富族傳統祭儀傳統祭儀分三大類，最主要的是與小米種植有關的祭儀，其次是獵祭與敵首祭，另外還有以家或家族爲單位的河祭與嬰兒祭。這些祭儀因政府的干涉及改信基督教的因素，幾乎不再舉辦，直至三十年前才恢復米貢祭（mikongu）及河祭（pasiakarai）儀式，現爲卡那卡那富族人每年必辦的祭儀活動（陳逸君、劉還月，2011）。

　　其中，卡那卡那富族有一個相當特別的祭典，乃是由驅魚祭轉變而成的河祭，祭典的由來源自於卡那卡那富族人捕捉鯝魚的方法。每年七月至九月雨季期間，鯝魚大量溯溪到上游棲息，爲了克服溪流的落差，較大的鯝魚會跳躍而過，於是，卡那卡那富族人自古以來，便等在河流落差較大

的地方抓鰻魚，爲了祈求能抓到更多的魚，巫師要先祭河神，祭祀時，必須帶青年到河邊，嘴裡含著生米嚼碎後，將米撒向溪流，同時向溪流水神溝通，祈求河神引魚到此地，讓每位族人均魚獲豐收，滿載而歸。另之，爲了感謝河神的寬厚賜予，希望所有子民均能飲水思源，以肅靜的心愛護大河，亦是河祭之重要意涵（陳英杰、周如萍，2016；陳逸君、劉還月，2011）。

第三節　原住民族文化價值

　　原住民族文化價值，基本上，它是一個民族普遍的意識、思維活動和一般的心理狀態。它是以民族整體的文化爲基礎，而文化是一個民族在漫長的歷史過程中，爲了適應生存的環境，創造民族生命持續的發展，於是由族群的成員，透過不斷的實際體驗與思索，一點一滴累積而得的；由於每一個民族歷史發展的過程不同，因具備的條件與所面對的環境也不盡相同，所以所擁有的文化就會有所差異，這種差異，就是各個民族的文化特色。歷史背景與文化內涵的差異，使每一個民族藉由集體意識、思維活動與心理狀態所導引的行爲趨向，造成南轅北轍的情形，這是民族與民族間普遍的現象。文化價值不像具體的物質，它以抽象狀態存在，卻能對民族的成員產生實實在在的規範與嚮導用，使整體的思想、意志、情感與希望得以凝聚，促成力量的結合，所以它是民族追求對善生活，進而發展群體生命的重要憑藉（洪清，2001）。

　　至於，有關原住民族重要的文化價值，茲彙整如下（王嵩山，1995；丘其謙，1966；李亦園，1995；李壬癸，1997；周宗經，1996；周宗經，1998；許功明，1993；許功明、柯惠譯，1994；張致遠，1997；黃應貴，1992；廖守臣，1998；潘立夫，1996；劉斌雄，1965；劉清約，1995；衛惠林、劉斌雄，1962）：

一、崇尚自然

　　原住民生活在台灣及其鄰近島嶼，已經度過久遠的歲月，和此地的山林原野、海洋溪流早已發生密切的關聯，從各族群的神話傳說與歌謠，以及居住地域中許多地名、動植物名稱等觀察，就能了解原住民和大地自然的深厚關係。原住民昔日的生活作息與生命禮俗都遵循著大自然運作的規律，所以利用許多特殊的占卜或預兆，嘗試去窺知神靈的意念禮敬神靈，事實上就是崇尚自然的具體行為。有的族群主要居住在高山地區，因此發展出山的文化和精神，靠近海洋的族群便發展出海的文化和精神，這些山與海的文化都能充分的體貼自然、尊重自然。

二、重實踐

　　昔日台灣原住民的文化傳承無法依賴書面的文字，所以非常重視由實踐中獲得經驗與智慧。生活技能、祭儀禮俗與觀念知識的學習，不單靠著口頭的語言，最主要的方式是透過具體實踐的過程，藉著族中長輩或耆老們的實際行動，逐一的傳遞後嗣，使族群的文化得以綿延不絕。注重實踐，敢於作為，所以原住民的歷史與文化，就是實踐的歷史與文化。

三、樂於分享

　　原住民的社會制度與親族組織雖然不完全相同，但是樂於分享的精神是一致的；最典型的就像昔日獲得獵物的男子，會留下習慣上應屬於他及家人的一部分，其他的部分要依著血緣或關係的親疏，分送給族人；收穫新穀，要與他人共同「嘗新」；遇有罹患疾病或貧窮無依的人，其親族與鄰近的人會給予照料安頓；到了部落或氏族祭典時，族人相聚，相互問候，分擔苦難，共享歡樂，所以昔日的原住民部落充滿和睦的氣氛。

四、勇於負責

　　傳統的原住民社會講究分工，兩性之間的工作固然會有所區別，對於不同的年齡階層，也都賦予不同的責任，每一個族群的成員，都爲整個團體奉獻心力，個人就在團體之中發揮潛能，實現自我，一般而言，男性從事的是比較需要耗費體力而危險性較高的狩獵、征戰、開墾等，而女性則擔任諸如農作、織布、煮食、製陶之類的工作。童稚與青少年主要在家庭中隨同親長一面從事生產活動，一面接受生活技藝與知識觀念的學習，而青壯年齡男女就要肩負整體族群或部落的最大責任；老人也有義務傳授族群的知識與歷史文化的傳統，並以其經驗智慧協助處理部落的事務。在這樣的生活環境中，每一個人對所擔負的責任，都不能輕易的推卸，爲著整體的利益而心甘情願的付出，所以昔日原住民社會機能的運作是活絡而通暢的。

五、重視勤奮

　　過去由於各種生產方法與工具的落後，原住民最主要的經濟生產活動是生產與採集並重，也就是農耕與漁獵並行，同時採拾野生果菜以補給日常的飲食需求；在生活環境惡劣與資源匱乏的情況下，只有憑藉著堅忍從事辛勤的勞動，才能獲得溫飽，所以勤勉就成爲生活上最重要的品格。在許多族群的口傳故事裡，存在許多有關詛咒懶惰、貪婪而讚美勤奮努力的內容，在重要的場合如祭典節慶，常會公開褒獎勤勞工作的人，對於偷懶閒散的人也會加以責罰告誡，讓族群的每一個成員都能勤奮於自己應盡的職分。

六、忠於團體

　　台灣原住民過去曾有一段漫長的時間，是以氏族或家族的血緣組織爲共同生活的單位，後來由於資源與安全的因素，促成不同家族的結合，形

成以地緣關係為基礎的部落或社群，這個單位就是為求個人與整體安全的生命共同體，彼此之間相互依賴，所有個人的努力都是為求整體的福祉，而團體也藉由其堅實的力量保障其成員；團體有完密的一套政治結構與謀求天人溝通的祭典習俗，以求神靈的福報，並凝聚其成員的向心，而個人憑著才力與品德，在團體中獲取相稱的地位，基於榮譽的嚮往，族群成員均能忠誠於團體，期望增強整體的力量，發揚民族的生命。

七、敬重賢老

　　傳統的原住民社會十分敬重老人，在部落或族群的政治、教育與祭典事項中，長老都擔負重要的責任，那是要借重他們的豐富的經驗與圓融的智慧，以獲取處理與解決事務的方法與策略；老者在其青壯的時候，曾經為其所屬的部落或族群貢獻其心力，他們熟知擺脫困境、解決問題的良方，也曾接受過族群文化知識的陶養與訓練，所以成為傳承文化的主要師承，在昔日的社會，那是他們的義務，也是他們的權利；敬重賢老的行為使賢者老者獲得心靈的慰藉，不僅在文化的傳承上產生良好的與情境，也使人倫越益敦厚。

　　隨著時代與社會不斷的演變，原住民社會文化的發展也面臨不同於昔日的環境，因此要使原住民的文化能夠與日俱新，除了要審慎的擇取族群在過去締造文化時所憑藉的傳統精神內涵外，還要能學習其他族群的優良文化與民族的精神，譬如：重視時間的掌握與利用、樂於接納與吸收新的科技文化與知識以改善經濟生產方式、精密規劃財產金錢的管理等等，同時原住民也需要培養開闊的胸襟，去瞻望未來，努力掙脫文化的局限性，將優秀的文化要素由部落彙入大社會中，嚷群體共同分享，並成為多元社會文化組成的一部分。

　　一個民族文化的可貴是建立在其文化獨特的性質上，其價值不能以其人口的多寡作為衡量的依據，原住民擁有與其他族群相異的文化體系，所以就有特殊的存在意義。如果原住民的文化能夠持續發揮其繁衍的生命活力，並能適應未來劇變的新時代環境，依據它對於台灣的深厚淵源與關

係，對於其他共處族群的文化，將能產生切磋攻錯的功效，而整體文化的賡續，要依靠民族全體組成份子所凝聚的精神力量，再化為實際的行動，成為原住民未來重整與建立其新文化的紮實基礎。

參考書目

內政部（1994）。**原住民身分認定標準**。台北市：內政部。

王長華（1994）。魯凱族階層制度及其演變：以多納爲例的初步探討。**思與言**，23(2)，25-40。

王嵩山（2001）。**台灣原住民的社會與文化**。台北市：聯經。

王嵩山（1995）。**阿里山鄒族的社會與宗教生活**。新北市：稻鄉。

王嵩山（2004）。**鄒族**。台北市：三民。

王煒昶（1998）。**台灣原住民文化園區導覽手冊**。屏東縣：台灣原住民文化園。

瓦旦吉洛（2008）。賽德克族正名的省思。載於郭明正（編），賽德克族正名運動（49-89頁）。花蓮縣：國立東華大學原民院。

田哲益（2002）。**台灣布農族文化**。台北市：師大。

田貴實（2011）。**消失的文面圖騰**。花蓮縣：賽德克文史工作室。

台灣省政府新聞處主編（1971）。**改善山胞生活**。台中市：台灣省政府新聞處。

台灣省政府民政廳主編（1981）。**山地行政**。台中市：台灣省政府民政廳。

台灣文獻會主編（1972）。**台灣省通志卷八同胄志第一冊**。台中市：台灣省政府。

台東縣政府（2001）。**台東縣史——排灣族與魯凱族篇**。台東縣：台東縣政府。

丘其謙（1966）。**布農族卡社群的社會組**。台北市：中央研究院民族研究所專刊之七。

李壬癸（1997）。**台灣南島民族的族群與遷徙**。台北市：常民。

李亦園（1992）。**台灣土著民族的社會與文化**。台北市：聯經。

李亦園（1995）。**台灣土著民族的社會與文化**。台北市：聯經。

李景崇（1994）。生命禮俗對體育運動的影響——南勢阿美族豐年祭之個案研究（未出版之碩士論文）。國立台灣師範大學，台北市。

李季順（2003）。**走過彩虹**。花蓮縣：太魯閣文化工作坊。

余光弘（2004）。**雅美族**。台北市：三民。

沈明仁（1998）。**崇信祖靈的民族：賽德克族**。台北市：台灣。

阮昌銳（1994）。**台灣土著民族的社會與文化**。台北市：台灣省立博物館。

林瑋嬪（1992）。**漢人「親屬」概念重探：以台灣一個西南農村爲例**。台北市：中央研究院。

林恩顯（1990）。**台灣山胞歲時祭儀文獻資料整理研究**。台北市：國立政治大學。

林桂枝（1995）。**阿美族里漏社Mirecuk的祭儀音樂**（未出版之碩士論文）。國立台灣師範大學，台北市。

周鍾瑄（1968）。諸羅縣志。載於方豪（主編），**台灣叢書**。台北市：國防研究院。

周宗經（1996）。**雅美族的古謠與文化**。台北市：常民文化出版社。

周宗經（1998）。**雅美族的社會與風俗**。台北市：常民文化出版社。

洪清一（1997）。**阿美族民俗舞蹈對原住民智能障礙學生自我概念與人格適應影響之研究**（未出版之博士論文）。國立彰化師範大學，彰化縣。

洪清一（2001）。**原住民身心障礙學童特殊需求調查研究**。台北市：五南。

洪清一、洪偉毓（2008）。花蓮東海岸撒奇萊雅族豐年祭之研究—以豐濱鄉磯崎村爲例。**台灣原住民研究論叢，4**，65-100。

姚德雄（1986）。**九族文化村**。南投縣：日月潭九族文化村。

財團法人花蓮縣帝瓦伊撒耘文心藝術基金會（2007）。**火神祭**。花蓮縣：財團法人花蓮縣帝瓦伊撒耘文心藝術基金會。

康培德（2000）。**殖民接觸與帝國邊陲——花蓮地區原住民十七至十九世紀的歷史變遷**。新北市：稻鄉。

夏本奇伯愛雅（1994）。**雅美族的社會與風俗**。台北市：台原。

張致遠（1997）。**賽夏文化彙編——傳統與變遷**。苗栗縣：苗栗縣立文化中心。

張秋雄（2008）。迷失於族群認同的民族——賽德克族。載於郭明正編，**賽德克族正名運動**（頁25-49）。花蓮縣：國立東華大學原民院。

陳其南（1981）。地居民和文化的處境。蒐入黃金鐘（主編），**台灣行腳**。

台北市：大拇指。

陳奇祿（1996）。日月潭邵族調查報告。台北市：南天。

陳俊男（1999）。奇萊族（**sakizaya**人）的研究（未出版之碩士論文）。國立政治大學，台北市。

陳俊男（2010）。撒奇萊雅族的社會文化與民族認定（未出版之博士論文）。國立政治大學，台北市。

陳茂泰、孫大川（1994）。台灣原住民族族群與分布研究。台北市：內政部。

陳英杰、周如萍（2016）。卡那卡那富部落史。台北市：國史館。

陳逸君、劉還月（2011）。挺立在風雨中的內群：莫拉克颱風前後的沙阿魯娃族、卡那卡那富族與下三社群。台北市：國史館。

許功明（1993）。魯凱族的文化與藝術。台北市：稻香。

許功明、柯惠譯（1994）。排灣族古樓村的祭儀與文化。台北市：稻香。

黃宣衛（1991）。阿美族社會文化之調查研究。台東縣：交通部觀光局東部海岸國家風景區管理處。

黃宣衛（2002）。有關「台灣南島民族宗教」之文獻回顧。載於行政院國科會人文中心（主編），五十年來台灣宗教研究成果評估計畫成果。台北市：行政院國科會。

黃應貴（1992）。東埔社布農人的社會生活。台北市：中央研究院。

黃貴潮（1994a）。阿美族傳統文化。台東縣：交通部觀光局東部海岸國家風景區管理處。

黃貴潮（1994b）。豐年祭之夜。臺東縣：交通部觀光局東部海岸國家風景區管理處。

黃貴潮（1994c）。豐年祭之旅。台東縣：交通部觀光局東部海岸國家風景區管理處。

許木柱（1993）。阿美族的社會文化變遷與青少年適應。台北市：中央研究院。

許功明（1993）。魯凱族的文化與藝術。新北市：稻鄉。

許功明、柯惠譯（1994）。排灣族古樓村的祭儀與文化。新北市：稻鄉。

唐美君（1996）。日月潭邵族的宗教。載於陳奇祿（主編），日月潭邵族調查報告。台北市：南天。

達西烏拉灣畢馬（1992）。**台灣布農族的生命祭儀**。台北市：臺原。

廖守臣（1984）。**泰雅族的文化**。台北市：世新大學。

廖守臣（1998）。泰雅族的社會組織。花蓮縣：慈濟大學。

駱香林（1979）。**花蓮縣志(5)**。花蓮縣：花蓮縣文獻委員會。

龍寶麒（1968）。**臺東縣達仁鄉排灣族的宗教信仰**。台中市：台灣省文獻委員會。

劉玉玲（2000）。**台灣賽德克族口傳故事研究**（未出版之碩士論文）。國立東華大學，花蓮縣。

劉清約（1995）。**原住民研究論文摘要**。屏東縣：國立屏東師範學院原住民教育研究中心。

劉斌雄（1965）。**秀姑巒阿美族的社會組織**。台北市：中央研究院。

潘立夫（1996）。**排灣文明初探**。屏東縣：屏東縣立文化中心。

潘繼道（2001）。**清代台灣後山平埔族移民之研究**。新北市：稻鄉。

謝繼昌（1995）。**台東縣大南村魯凱族社會組織**（未出版之碩士論文）。國立台灣大學，台北市。

魏桂邦（譯）（1995）。**台灣的原住民族**（原作者：宮本言人）。台中市：晨星。

衛惠林、劉斌雄（1962）。**蘭嶼雅美族的社會組織**。台北市：中央研究院。

第二章 文化取向：原住民資賦優異與特殊才能及多元智能

第一節　緒論

　　文化是一個民族生存之證據，民族的命脈，以及民族永續發展之動力。就教育理念而言，學校課程應顧及學生之文化脈絡與學生的生活經驗來設計，然而，在任不同教育階段之課程，幾乎都是以主流文化為主，很少是傾向於原住民的文化（洪清一，2005）。就多元文化教育理念而言，社會文化是各族群的共同貢獻，不同族群文化都有其價值，且均應受到尊重，所有的學生均應去學習。教育上不在教導非主流族群學生拋棄自己的文化，融入主流文化；相反地，應教導所有學生認識所屬族群的文化，進而認識和尊重其他族群的文化。

　　然而，長久以來，教育體系經常是主流政府用來對於原住民實行文化剝奪的一個媒介，學校透過教導單一的語言與文化，刻意忽略文化差異的存在，實行同質教育、單一型態的教育模式，幾乎完全切割原住民學童的成長背景、語言與文化，讓原住民學生須重新學習一套不同於學前的知識體系。如此，不僅嚴重影響原住民學生學習表現，而且，對文化認同與對民族之使命感，影響甚鉅（洪清一，2005）。尤對原住民資賦優異與特殊才能學童，更應植基於社會文化脈絡培育與發掘學生之多元智能，而此為本文探討的主要動機，希冀以文獻探討之方法分別探討文化取向之多元智能概念、有關紐西蘭毛利族多元資賦優異與特殊才能、多元智能，文化─本位課程與多元智能，以及原住民族多元智能之相關研究。殷切希望藉由此探討之發現，對未來在不同種族與族群資賦優異與特殊才能學童之認知、教學、輔導及親子教育上，提供參考之用。

第二節　文化取向與多元智能

一、資賦優異與特殊才能及多元智能

　　一般所稱之資賦優異與特殊才能係指經由具專業人員鑑定在下列領

域具優異表現能力與潛能者而言，包括一般智能、特殊學術性向、創造力、領導能力、視覺和藝術表現、心理動作能力（Davis, Rimm, & Siegle, 2011）。至於，所稱之多元智能（multiple intelligences）係指語言智能、邏輯—數學智能、空間智能、音樂智能、體覺智能、人際智能、內省智能、自然智能等（Gardner, 1999）。然而，Sternberg（1997）認為資賦優異需下列共同的特質：

- 傑出（excellent）：在某種項目上具有擅長能力
- 罕見（rarity）：擁有優異的性向，別與同儕。
- 生產力（productivity）：具傑出的生產力。
- 可驗性（demonstrabilitu）：具有透過多重考驗可證明的特質。
- 價值（value）：卓越的表現對社會具有重要性。

二、文化取向之資賦優異與特殊才能

文化是價值、信念、態度，以及民族、性別、地區，或社會階級（social class）的規範（norms）。文化是一個社區（community）本身獨特的習俗、儀式、溝通風格、應對或處理的型式、社會組織、父母管教（childbearing）態度和型式（Shade, Kelly,&Oberg, 1997）。換言之，文化是信念、態度、習俗、價值和實行，進而形成現實（reality）的觀點。這些形式的功能猶如過濾器滲入團體或個人的觀點，對環境的回應，以及學習風格（learning styles）（Ford & Harris III, 1999）。

文化取向（cultural orientation）會表現在早期在家庭成長和社區文化脈絡習得的型式。當個體走出主要的社會化之脈絡時，個體往往以過去或先前習得的行為和風格回應新的情境；當個體在新的情境面臨不同的文化型式時，會有文化轉型（cultural transition）之困難。尤對少數族群學生而言，這些新的情境包括被安置在資優課程方案時，教師和學校人員並不了解學生的文化風格（cultural style）和取向。而當家庭與學校之間之文化契合度（cultural congruence）越少時，文化轉型的難度越高，而且，越不利於學生教育表現（Ford & Harris III, 1999）。

就文化特質而言，資優與特殊才能之重要指標如下（Smith, 2012；Mahaki& Mahaki, 2007）：

慷慨：榮譽、關心、施予、養護

家庭觀與人際關係

均衡：和諧、靈性、平靜

知識、環境和資源的管理者

編織

知識：智能、思考技能、智慧、教育、學習、好學

追求娛樂：體育和藝術表現

崇尚禮儀：行為端正、誠實、規矩、尊重

若以文化辨識度（cultural identifiers）作為鑑定資優和特殊才能學生時，重要的指標如下（Faaea-Semeatu, 2011）：

適應力（adaptability）：能適應紐西蘭的思維模式。

記憶力（memory）：能引用族群的習俗、家庭和村落的關係。

宗教信仰（church affilication）：運用知識和經驗濟助他人。

使命感：積極的探求自我改進。

人際關係：運用特殊才能增進積極的人際關係。

復原力（resilience）：以積極的態度反應新的情境。

世系／繼承權（lineage birthrigh）：家族傳統經驗。

語暢（language fluence）：口語與書寫之溝通。

領導力（leadership）：如忠實的服務。

表述（representation）：如能有效地向父母反應生涯徑路（carrer pathway）。

三、文化取向之資優和特殊才能的特質

在紐西蘭學校，認可毛利族學生具資優和特殊才能的特質如下（Mahaki & Mahaki, 2007）：

能用族語流暢和變通的溝通

能用族語作曲

與族群廣泛的知識

對特殊的族群歷史具深入的知識

具族群神話廣博的知識，並能解釋神話的意涵，在族群藝術、雕刻和編織上具優異的表現和創作能力。

在族群體育、休閒和運動上具優異的表現能力

對族群具高度的興趣和廣泛之知識

對族群傳統價值深具欣賞力

對族群傳統和現在的知識，具深遠的理解、認知、欣賞

對傳統的醫療方法和教育具深遠的知識

具有強烈的認同感

對族群具崇高的敬意和親密感

具利他（altruism）和無私（selfless）之情操

紐西蘭（Aotearoa New Zealand）教育部（Ministry of Education, 2007a）在提升毛利教育五年計畫中特別強調毛利族學習者享有成功的教育成毛利族的權利，致而鼓勵毛利教育並達成目標，尤其，在資優和特殊才能之毛利族觀點上，毛利族資優概念之要素如下（Bevan-Brown, 2011）：

- 資賦優異是廣泛地分布在毛利族社會中，不限於社會階級、經濟地位、家族和性別。
- 資賦優異可以表現在個體和團體脈絡上，亦即，個人的資賦優異和特殊才能可以被團體擁有。
- 資賦優異和特殊才能的領域應受廣泛的認可。
- 兼重質與量。
- 資賦優異的概念是整體的，與毛利族的概念相互關連好。
- 個人的資賦優異和特殊才能是用來濟助他人的。
- 毛利族文化提供與堅實的基礎，俾使資賦優異紮實、滋養、表現和發展。

有關紐西蘭發展學校－本位（School-Based）之資賦優異與特殊才能定義之效標（criteria）如下（Riley, Bevan-Brown, Bicknell, Carroll-Lind, & Kearney, 2004；ERO, 2008a）：

- 表現多元類型之特殊能力。
- 表現融合毛利族概念之雙文化方法。
- 肯認多元文化價值、信念、態度和習俗。
- 肯認表現和潛能
- 與同年齡及文化之同儕，具有特殊能力。
- 為資賦優異與特殊才能學生提供差異化的教育機會。
- 學校反應文化脈絡與價值。
- 資賦優異存在於所有社會團體中，不論文化、種族、社經地位、性別、障礙者。
- 肯認某些學生或在某種領域上具有資賦優異的特質。
- 肯認有些學生的資賦優異和特殊才能，會在某一時間或情境出現。
- 根基於優異的研究與理論。

就文化多樣性與多元文化觀而言，毛利族所稱之資賦優異與特殊才能包括（ERO, 2008b）：

- 學業（academic）
- 體覺（visual-spatial）
- 視覺─空間（visual-spatial）
- 音樂能力（musical ability）
- 創造和思考技能（creative and thinking skills）
- 領導力（leadership ability）
- 靈性和倫理（spirituality and ethics）

根據Sternberg（1997, 2005）的理論，成功的智能（Successful intelligence）係指將一套能力加以統整，使之獲得成功的生活，亦即，在自己的社會文化脈絡（sociocultural context），在生活中達成個體目標之能力。因之，成功的智能包括：

- 在自己的社會文化脈絡中，在生活中達成自己目標之能力。
- 善用強項來改正或彌補個人的弱項。
- 適應、改變和選擇環境。
- 分析、創造和實用性能力（practical abilities）（Sternberg, 2005）。

四、文化取向之成功的智能

基於此，毛利族資賦優異學生成功的智能特質如下（Macfarlane, Webber, Cookson-Cox & McRae, 2014）：

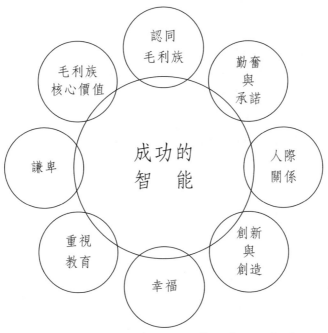

✿圖2-1 毛利族資賦優異學生成功的智能

1. 認同毛利族（Maori identity）
- 對毛利族和部落關係有良好的知識與理解

- 具有主動發展和維持與毛利族富有意義人際關係之能力
- 能用毛利族言充分表達自己

2. **勤奮與承諾**（diligence and commitment）
- 苦幹並具內控（internal locus of control）能力
- 解決問題能力、堅定的信心
- 奉獻、堅決、自律
- 鎮靜、沈著
- 專注、留意
- 發現、洞察
- 突破

3. **人際關係**（relationships）
- 具有良好與支持性的人際關係
- 維持能力、友善
- 鼓勵他人、願意學習
- 知覺自己和他人的優勢與弱項
- 尊重、合作、真誠、幽默

4. **創新與創造**（innovation and creativity）
- 好奇、發想
- 探索、統整、連貫
- 學習、競爭、創造
- 參與各種活動
- 挑戰、冒險、嘗試
- 說故事、批判性思考、溝通、合作

5. **幸福**（wellbeing）
- 維持文化認同
- 身體的活動
- 良好的友誼

6. **重視教育**（valuing education）

- ・ 有學識
- ・ 好奇
- ・ 內在動機
- ・ 努力學習、追求卓越

7. **謙卑**（humility）

- ・ 服務他人
- ・ 寬容
- ・ 以他人為先
- ・ 接受批評
- ・ 良好的團隊成員

8. **深知毛利族價值**（core Maori values）

- ・ 了解並統整毛利族文化
- ・ 學習毛利族價值與歷史
- ・ 具隸屬感
- ・ 參與各項活動

第三節　文化－本位課程與資賦優異與特殊才能特性及多元智能

一、文化－本位課程

　　文化是人類習得的行為，是人類團體或社會之象徵，是人類適應環境之主要方式。它是常模（norms）和價值之系統。換言之，文化是人類所發展的生活方式之綜合體，藉以滿足人類生物與心理的需求。文化包括價值、規範、信念、態度、習俗、行為風格，以及維護社會功能之種種傳統（鮑雯妍、張業輝，2005；Harris, 1995；Mai, 2001）。亦即，文化是人類社會的生活、遺產，將習得的思想、情感和行為，代代相傳（Hicks & Gwynne, 1994 ; Vander Zanden, 1993）。其次，每一個族群、團體或社

會有其文化特殊性（cultural specialization）及次級文化（subcultures）（Nanda, 1994）。

　　文化是價值、信念、態度，它是一個民族或種族的獨特習俗、儀式、溝通風格、生活型式、社會組織、教養態度和型式。這些型式具有透過團體或個體的觀點和反應環境過濾的功能。例如，學習風格（learning style）或學習式態，是係由個體的行動、感覺和生命之經歷和體驗。當個體生長在家庭和社區脈絡時，文化導向（cultural orientations）會表現出其學習的型式（Ford & Harriss III, 1999）。當個體離開他原來的社會化脈絡時，個體會用昔日習得的行為和風格來反應新的情境；當個體面對的文化型式與新的情境有所差異時，就面臨文化轉換的困難。

　　進而言之，文化是繁雜的綜合體，包括知識、信念、藝術、道德、法律、習俗，以及能力和習慣（Ferrar, 1998；Peoples & Bailey, 1997）。文化是指人類共同活動所創造出來的所有產物，這些創造出來的產物，不但包括人們所用的工具、社會生活所賴以維持的典章制度、精神生活的種種藝術產品，同時也包括創造過程中諸多人類心智活動的歷程。尤其，植基於原住民族文化主體性、社會文化脈絡及文化多樣性等理念形構之文化－本位課程族語暨文學、傳統生活技能、社會組織、藝術與樂舞、傳統信仰與祭儀、族群關係與部落歷史、部落倫理與禁忌、環境生態保育等八個領域（洪清一、陳秋惠，2014）中（如下圖），隱約地藏茁在原住民族16個族群社會文化脈絡中。

二、文化－本位課程中之資賦優異與特殊才能特性及多元智能

　　尤其，各族群之間，不但在語言、習俗、歲時祭儀、神話、社會組織、制度與宗教等，各不相同，而且，連體質的特徵，亦有明顯之差異。換言之，各族群間之差異性甚大，亦即各族呈現出多元性、殊異性和多樣性的社會文化現象。緣於各族群社會文化、歷史經驗、背景與脈絡互異，致使孕育及塑造出多元智能之因子和關連性（如下表）：

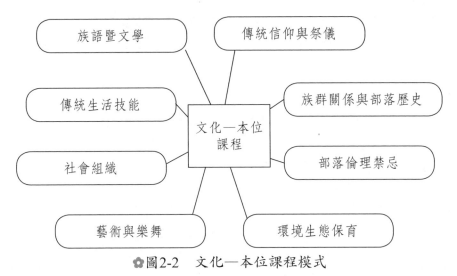

☘圖2-2　文化―本位課程模式

資料來源：洪清一（2019）。**特殊需求學童之課程與教學：融合教育、多元文化特殊教育**（頁198）。台北市：五南。

☘表2-1　各領域之重要項目與資賦優異與特殊才能特性及多元智能

領域	項目	資賦優異與特殊才能	多元智能
傳統生活技能	耕作、漁撈（魚具、漁團、漁法、魚祭）、狩獵（獵具、獵人組織、獵法、獵物分配）採集（動物性採集物、植物性採集物（陸生植物、海生植物）、礦物性採集品、採集工具）、飼養、建築（家屋、會所、廚方、豬舍、雞舍、田寮、牛車房、磨榖房、水力椿米房、香茅寮、榖倉）、飲食、衣服、防災、工程、戰爭與武器、運輸與交通、農具（山田農具、水田農具）、器物製作、醫藥、天文、曆法。	漁撈技能 狩獵技能 山林知識	生活智能 求生智能 藝術智能 定向越野智能

領域	項目	資賦優異與特殊才能	多元智能
社會組織	部落組織（年齡階級）、政治結構、家庭制度（家庭觀念、家屋、家庭結構及類型、家庭各份子的關係、家的繼承）、親屬制度（親屬關係、親屬稱謂、親屬活動）、財產制度（財產觀念、財產管理制度、財產繼承與交易）、婚姻制度（婚姻類型、婚前交際與擇偶狀態、結婚禮儀、離婚與再婚）、社會團體（血族團、祭祀團體、犧牲團體、勞役團體、作戰團體、狩獵團體、學習團體）	團體紀律團體生活順從與合作	團體領導人際智能
藝術與樂舞	紋身、服飾、頭飾、圖騰、工藝美術、配飾、童玩、遊戲、運動、童謠、情歌、樂器、器樂、祭祀之舞（巫師行祭舞、乞雨儀式舞、豐年祭舞）、工作舞（搗米舞、插秧舞、除草舞、收割舞、砍柴舞、捕魚舞、狩獵舞）、慶賀之舞、勇士之舞、驅邪之舞、迎賓舞、婚宴舞、勞動歌（杵歌、搬柴砍、捕魚歌、割草歌、播種歌、打獵歌、稻秧歌、收穫歌、祭祀歌（祭祖歌、迎神送神歌、祭人頭歌、祈山歌、豐年祭歌、新船下水歌、成年歌、對死者的哀歌、咒術歌、豐收歌、退散病魔之禱歌、種粟歌、收穫感謝歌、獵首歌、狩獵祈祝歌）生活歌（飲酒歌、歡迎歌、介紹客人歌、聯歡歌、歡送歌）、情愛歌（戀歌、戀愛問答歌、婚禮歌、思慕歌、別離歌）、拔牙歌、新年歌。	樂舞能力體能	體覺智能音樂智能舞蹈智能

領域	項目	資賦優異與特殊才能	多元智能
傳統信仰與祭儀	部落的團體祭儀（例：年祭、收穫祭、出獵祭、海（河）神祭、祈雨祭、祈晴祭、驅蟲祭、阻痛祭、凱旋祭）、家庭的祭儀（播種祭、作物成熟祭、小米入倉祭、家屋破土祭、落成祭、獵獲祭）、個人生命禮俗的祭儀（懷孕、出生、成人祭、成年祭、結婚、喪禮祭儀）、個人祈福治病的祭儀、天地與人的起源、世界觀、神的種類祭司靈媒。	傳統信仰天象覺察	靈性智能
部落倫理與禁忌	宇宙觀、道德觀、人與人的道德倫理、人與家庭（族）的道德倫理、人與部落的道德倫理、人與自然的道德倫理、習慣法、裁判與訴訟、徵兆、占卜、與日常生活有關的禁忌、與性別有關的禁忌、祭祀的禁忌、經濟生產活動的禁忌。	倫理道德	倫理智能
環境生態保育	動物生態、動物應用、動物保育、植物生態、植物應用、植物保育、能源應用、環境辨認、環境選擇、環境禁忌、土地利用。	生態覺察	自然探索智能

資料來源：修改自洪清一（2019）。**特殊需求學童之課程與教學：融合教育、多元文化特殊教育**（頁197）。台北市：五南。

　　由上表各領域中之項目中可知，各族群不論在資賦優異與特殊才能及多元智能上之文化辨識指標，可包括生活智能、求生智能、藝術智能、定向越野智能、團體領導、人際智能、體覺智能、音樂智能、舞蹈智能、靈性智能、倫理智能、自然智能等。

第四節　文化取向之原住民資賦優異與特殊才能及多元智能之相關研究

一、原住民族資賦優異與特殊才能及多元智能之相關研究

　　根據江文吉（2000）屏東縣原住民學童多元智能與自我概念關係之研究發現，原住民學童在音樂智能、人際智能和內省智能等三項明顯優於非原住民學童。原住民女學童在語文智能、音樂智能、人際智能、內省智能、博物智能等項的得分明顯高於男學童。同時，在空間、內省、肢體─動覺和人際等上為原住民學生之優勢智能（伍賢龍（2002）；另外，根據廖永堃（2002）原住民學生多元才能探尋模式之研究發現如下：

　　一、原住民學生就資優班其中以體育資優生人數最多，依族別以阿美族學生人數較多。教師認為原住民學生擅長的領域為音樂、體育、舞蹈及美術領域。其次，原住民學生能力以自然探究、身體律動、視覺藝術及領導能力較佳。

　　根據洪清一（2011 ）研究原住民與漢族國中學生靈性智力之差異發現：原住民與漢族國中學生在靈性智力有顯著差異，原住民學生總量表之平均數高於漢族學生之總平均數，並達顯著差異。至於，原住民與一般生在情緒智商量表上之各分量表上的表現，不同族群在「情緒智商」各分量表上，除在「認知他人的情緒」上有顯著差異，其他並無達顯著差異。原住民女生在「認識自己的情緒」、「管理自己的情緒」、「自我激勵」等上之分數高於一般生女生，並達顯著差異（洪清一，2007）。

二、紐西蘭毛利族和原住民族之資賦優異與特殊才能多元智能

　　由上述文獻與相關研究，紐西蘭和原住民族之資賦優異與特殊才能及多元智能亦相似之處，彙整如下：

✿表2-2　紐西蘭和原住民族之資賦優異與特殊才能

原住民族	紐西蘭
漁撈技能 狩獵技能 山林知識 團體生活 順從與合作 樂舞能力 體能 傳統信仰 天象覺察 倫理道德 生態覺察	族語流暢和變通的溝通 能用族語作曲 與族群廣泛的知識 對特殊族群歷史的知識 族群神話、族群藝術、雕刻和編織創作能力 在族群體育、休閒和運動上具優異能力 對族群具高度興趣和廣泛知識 對族群傳統價值深具欣賞力 傳統和現在知識，具深遠理解、認知、欣賞 傳統醫療方法和教育具深遠知識 具有強烈認同感 對族群具崇高敬意和親密感 具利他（altruism）和無私（selfless）之情操

✿表2-3　紐西蘭和原住民族之多元智能

原住民族	紐西蘭
生活智能（求生智能）	學業
藝術智能（視覺藝術）	視覺─空間
定向越野智能音樂能力	
團體領導（領導能力）	創造和思考技能
人際智能領導力	
體覺智能（身體律動）	靈性和倫理
音樂智能體覺	
舞蹈智能	
靈性智能與倫理智能	
自然智能（自然探究）	
情緒智能	

第五節　結論

　　文化不僅是生活方式，亦涵蓋各族群的認識論、世界觀及心智活動的歷程。從文化多樣性與多元文化觀，以及社會文化脈絡，原住民之多元智能與毛利族所稱之資賦優異與特殊才能亦有相似之處。換言之，根據16個族群文化特性所表現與彰顯的資賦優異與特殊才能及多元智能，發現原住民族的資賦優異與特殊才能特性與多元智能包括生活智能、求生智能、藝術智能（視覺藝術）、定向越野智能、團體領導（領導能力）、人際智能、體覺智能（身體律動）、音樂智能、舞蹈智能、靈性智能（內省智能）、倫理智能、自然智能（自然探究）、情緒智能等。

參考書目

伍賢龍（2002）。**國小兒童學習風格與多元智能及相關教學現況之研究**（未出版之碩士論文）。國立新竹師範學院，新竹縣。

江文吉（2000）。**屏東縣原住民學童多元智能與自我概念關係之研究**（未出版之碩士論文）。國立中山大學，高雄市。

洪清一（2005）。**原住民與一般生資賦優異學生家庭動力與學習效率之研究**。台北市：五南。

洪清一（2007）。原住民族與漢族國中學生情緒智力之研究。載於國立東華大學特殊教育系（主編），**2007年一個不能少原住民族特殊教育學術研討會**（頁2-44）。花蓮縣：國立東華大學。

洪清一（2011）。原住民與漢族國中學生靈性智力之研究。載於國立東華大學特殊教育系（主編），**100年度東台灣特殊教育學術研討會**（頁59-74）。花蓮縣：國立東華大學。

洪清一（2019）。**特殊需求學童之課程與教學：融合教育、多元文化特殊教育**。台北市：五南。

洪清一、陳秋惠（2014）。以文化—本位課程模式建構原住民族教育之探究。**課程研究**，**9**(2)，1-21。

廖永堃（2002）。**原住民學生多元才能探尋模式之研究**（未出版之博士論文）。國立台灣師範大學，台北市。

鮑雯姸、張業輝（譯）（2005）。**社會文化人類的關鍵概念**（Social and cultural anthropology: The key concept）。（原作者：Rapport, N; & Overing, J.）。北京市：華夏。

Bevan-Brown, J.(2011). "Indigenous Conceptions of Giftedness". *In Giftedness from an Indigenous Perspective*(ed), W. Vialle. Papers from the 11th Asia Pacific Conference on Giftedness, Sydney 29 July-1 August 2010, Australian Association for the Education of the Gifted and Talented/Australian Government, Department of Education, Employment and Workplace Relations. Retrieved fromwww.aaegt.net.au/indigenous.htm

Davis, G.A., Rimm, S.B., & Siegle, D. (2011). *Education of the gifted and talented*. New York: Pearson.

Education Review Office (2008a). *Schools' provisions for gifted and talented students*. Wellington: Education Evaluation Report.Retrieved from www.ero.govt.nz/Natianal-Reports/

Education Review Office (2008b). *Schools' Provisions for gifted and talented students: Good practice*.Wellington: Education Evaluation Reports. ARetrieved fromwww.ero.govt.nz/National-Reports.

Faaea-Semeatu, T. (2011). " Celebrating Gifted Roots: Gifted and Talented Pacific Island (Pasifika)Students". In *Giftedness from an Indigenous Perspective*(ed), W. Vialle. Papers from the 11th Asia Pacific Conference on Giftedness, Sydney, 29 July-1 August 2010. Australian Association for the Education of the Gifted and Talented/Australian Government. Department of Education, Employment and Workplace Relations. Retrieved fromwww.aaegt.net.au/indigenous.htm

Ferrar, G. (1998). *Cultural anthropology: An applied perspective*. New York: An International Thomson Publishing Company.

Ford, D.Y., & Harris III (1999). *Multicultural gifted education*. New York: Teachers College.

Gardner, H. (1999). *Intelligence reframed: Multiple intelligences for the 21st century*. New York: Basic Books.

Harris, M. (1995). *Cultural anthropology*.New York: Harper Collins College Publisher.

Hicks, D., & Gwynne, A.A. (1994). *Cultural anthropology*. New York: Harper Collins College Publisher.

Macfarlane. A., Webber, M., Cookson-Cox, C., & McRae, H. (2014). *Ka Awatea: An iwi case study of Maori students success*. [Manuscript]. Auckland, nz: Vniversity of Auckland. Retrieved from http://www.maramatanga.ac.nz/site/

Mai, T.J. (2001).*Towards understanding the role of emotional intelligence in cross-cultural adaptability in adults*. New York: Bell & Howell Information and Learning Company(UMI Number: 3030138).

Mahaki, P., & Mahaki, C.(2007). *Mana Tu, Mana Ora: Identifying characteristics of Maori giftedness*. Retrieved fromhttp://gifted.tki.org.nz

Ministry of Education (2002a). Initiatives for gifted and talented learners. Wellington: Ministry of Education. Retrieved fromwww.tki.org.nz

Nanda, S. (1994).*Cultural anthropology*. California: Wadsworth Publishing Company.

Peoples, J., & Bailey, G. (1997). *Humanity: An introduction to cultural anthropology*. New York: An International Thomson Publishing Company.

Riley T., Bevan-Brown, J., Bicknell, B., Carroll-Lind. J., and Kearney, A. (2004). *The Extent, Nature, and Effectiveness of Planned Approaches in New Zealand Schools for Providing for Gifted and Talented Students Final report*. Wellington: Ministry of Education.

Shade, B.J., Kelly, C., & Oberg, M. (1997). *Creating culturally responsive classroom*. Washington, DC: American Psychological Association.

Smith, C. (2012). *Gifted and talented students: Meeting their needs in New Zealand school*. New Zealand: Ministry of Education. Retrieved from www.educationcounts.govt.nz/publications/schooling/5451

Sternberg, R. J. (1997). What do we mean by giftedness ? A pentagonal implicit theory. *Gifted Childd Quarterly, 9*, 88-94.

Sternberg, R. J. (1997). *Successful intelligence*. New York: Plume.

Sternberg, R. J. (2005). The theory of successful intelligence. *Interamerican Journal of Psychology, 39*(2), 189-202.

Vander Zanden, J.W. (1993).*Sociology.New York: McMraw-Hill, Inc.*

第三章　智力與多元智能

第一節　智力概念

一、智力

　　大多數的人認為智力無法由單一能力來解釋，它是一組能力的總和，包括語言能力、解決實際問題的能力、社會能力和適應環境的能力等（吳昆壽，2016）。

　　智力是在某種社會和文化環境的價值標準下，個體以解決自己遇到真正難題或生產及創造出有效產品所需要的能力。他還強調判斷一個人的智力，要看這個人解決問題的能力，以及自然合理環境下的創造力。智力與一定的社會文化環境下人們的價值標準有關，不同社會文化環境境下人們對智力的理解不盡相同，對智力表現形式的要求也不盡相同。智力實質上是在一定文化背景中學習機會和生理特徵相互作用的產物（胡繼淵、徐柄榮，2004）。

二、二因素論

　　首先，是英國的心理學家Spearman（1927）提出二因素論，認為人類的智力可分為普通因素（general factor，簡稱g因素）和特殊因素（specific facrtor，簡稱 s 因素）。普通因素代表某種抽象推理能力，凡是受試者在智力測驗中能形成關係，應用一般原則的，都是普通因素的功能，它也最能預測測驗情境外智力的表現；特殊因素並非每個人皆有，乃因人而異，它是解決某種特殊問題才發揮作用的能力（吳昆壽，2016；Simonton, 2003）。

　　Cattell（1963）定義智力為兩個因素，即所謂「晶體智力」（Crystallizexd intelligene）和「流體智力」（fluid intelligence）。晶體智力與語彙、普通常識和數的問題有關，它是經由感官或經驗而習得；流體智力則是一種能解釋複雜關係和解決問題的能力，例如數字系列、空間視

覺和圖形矩陣（吳昆壽，2016；Simonton, 2003）。

三、三元論（Triarchic theory of intelligence）

　　Stemberg（1985）主張智力是由內部與外部因素共同形成的，而且可以從三種層面來解釋智力，也就是智力的三元論（Triarchic Theory of Intelligence）。第一層面是有關後設成分（meta-components），它說明了智力行為中有關訊息處理的技巧，包括用於計畫、監控和評估一個人訊息處理的執行過程，也就是後設認知、策略應用。影響此一層面智力運作的不單是內在能力，外在情境安排例如智力測驗的方式，也會影響其運作功能。第二個層面是表現成分（performance components），用於真正執行或設定任務。此一部分說明個人能適應他們原有的訊息處理技巧，以便能符合個人所需及日常生活的要求；若原有的訊息處理技巧無法適應要求，則須試著去改變它；若再無法改變，則須選擇新的架構以便符合個人的目的。第三個層面是知識獲得成分（knowledge-acquisition components），這個能力關係到成就，或者關係到專家與生手成就的差別。此一部分可以說明一個聰明的人在處理問題時，能夠運用舊經驗，迅速有效地解決複雜的問題。根據智力三元論，資優是透過所有三種型態的智力，用來處理新奇的事物以及具洞察的能力（insight）的人，這裡所謂的洞察力包含選擇性的解碼（selective encoding）、連結（combination）和比較（comparison）（吳昆壽，2016）。

第二節　多元智能

一、多元智能論（Theory of Multiple Intelligences）

　　Gardner（1999）之多元智能論（Theory of Multiple Intelligences），提出智力行為之下訊息處理的另一個觀點。相信智力應該是根據不同的訊息處理操作，以便個人能解決問題、創造產品，以及發現新的知識，摒棄

單一心理能力的觀念，主張人的心理能力至少有八種（吳昆壽，2016）：

(1)語文智力（linguisitic intelligence），即能巧妙運用語言文字的音韻、意義及功能的能力。

(2)邏輯數學智能（logical-mathematical intelligence），即能善於運用數字並做邏輯推理的能力。

(3)音樂智能（musical intelligence），即能產出以及欣賞音律節奏的能力。

(4)空間智能（spatial intelligence），即對於視覺空間能精確地覺知，並再創視覺經驗的能力。

(5)身體動覺智能（bodily-kinesthetic intelligence），即能技巧的支配身體做有目的的表現的能力。

(6)人際智能（interpersonal intelligence），即能知覺他人情緒、動機及意念，並作適當反應的能力。

(7)內省智能（intrapersonal intelligence），即能辨識自己內在的感覺，並對自己的行為做適當的引導，了解自己的長、短處的能力。

(8)自然智能（naturalist intelligence），即能辨識以及分類植物、礦物和動物的能力，喜歡自然、觀察大自然的現象。

二、基本假設

(一)智力方面

Guifford（1967）認為智力包含三層面：(1)資訊的內容(2)心理運作(3)結果，每一個人均具此三層面的能力，且可依每一個層面內的一些類別項目來加以區分，這些能力互有關連，但可鑒定為120種個別的能力。我們可用一個三面立方體的方式來說明這些假設的能力結構和關係（如下圖）。每一面是代表這個立方體的一個層面，三個層面的交叉點各有一個細格，每一個細格均代表一種能力。這種模式最基本的概念即基爾福特對智力的多層面、多元化的觀點。他認為人類具有許多種"智力"，而非僅單一特質的一般智力，他認為創造力是智力的一種，而非獨立於智力之外

的（陳龍安，1990）。

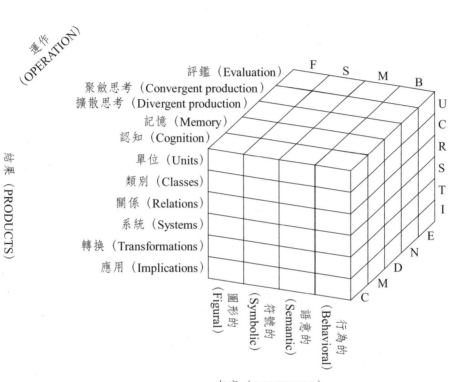

🌸 圖3-1　智力結構模式

資料來源：Guilford, J. P. (1967). *The nature of human intelligence*(p.63). New York：McGraw Hill,. Renzulli, J., & Reis, S. (2004). Curriculum models. In G.A Davis, S.B. Rimm(2004). *Education of the gifted and talented*(p.180). New York: Pearson.
陳龍安（1990）。基爾福特：智力結構模式。載於毛建溫等編譯，**資優教育教學模式**（頁86）。台北市：心理。

智力層面與內容如下表：

　　內容：主要內容包括圖形、符號、語意、行為；運作：是指個人處理資訊所引起的思考方式，也是智力活動的主要歷程，和處理各種資訊或解決各種問題時所運用的各類能力。基爾福特模式中的各種運作方式和思考

過程只是代表不同的能力，並無所謂階層性。結果：是指個人以各種不同的思考能力，應用於各類的內容，所呈現的組織型態或產物。

❀表3-1　智力層面與內容

層面	形式	主要內容
(一)內容	1.圖形	包括具體的事物或視覺及聽覺因素的行式，像節奏和簡單的聲音，以及觸角和動覺的材料。圖形的內容具有感覺和特質。
	2.符號	包括一些記號及除了它們本身之外的不具特別意義卻又像徵某些事物的一些材料，例如字母、數字、音符以及一般的商標的。
	3.語意	跟前述圖形及符號不同的是它具有意義；通常這些意義都是外加的（external），例如"家庭"是語意的內容，在某一個人心目中對它的想法可能跟別人不一樣。
	4.行為	是一種關於人類主動的非語文資料，像行動、情緒、意念及非語文解釋的心情。行為的資料包括身體語言和某一個人內在情感所表露的表情都是
(二)運作	1.認知	指對刺激的認知或知覺，能夠立即發覺不同的資訊內容型式而言
	2.記憶	是指個人對於過去所認知的資訊的保留及儲存，當我們需要時，可以再呈現多少這些資訊的能力。
	3.聚斂思考	是指個人利用已有的知識和經驗作為引導，按照傳統的方法，從儲存的資料中尋找正確答案的推理性和邏輯性思考。
	4.擴散思考	是指利用不同的思考方向，不受現有知識範圍的限制，不遵循傳統的固定方法，採取開放和分歧方式，以衍生各種可能的答案或不同的解決方法，強調反應的多樣及變化，而不強調最好或標準的答案。
	5.評鑑	是指個人依據某種標準（例如根據統一性、相似性、系統性…等），對一些事物做判斷。

層面	形式	主要內容
(三)結果	1.單位	是指單一結果，計算事物的最基本數量，如一個人，一個符號，一件事，一幅畫，一個想法……等，單位是構成類別的基礎。
	2.類別	是指具有一種以上共同特性之組合，是將單位按種類區分，或將事物、資料依其共同性質加以集合的一種形式。亦即由有許多相同或相似的單一事物綜合而歸屬於某一種類。
	3.關係	是指事物或資料間的連帶作用，兩者之間所存在的關係。例如相反、相似、比較。
	4.系統	是指資料項目之一種有組織的或有結構的集成，也是一種各單位交互關聯或交互作用的複雜體系。同類的事務，按一定的秩序相連屬，用三個或更多的單一事物，在一定的關係下，形成一系統，彼此互依互動的關係。例如大小順序、時間先後。
	5.轉換	是指由某一項目經過轉變而成為另一項目或事物。亦是一種對於資料給予重新界說或修正、改變形式的型態。例如雙關語就是語意的轉換。
	6.應用	是指由一事物導致另一事物，有引申、擴展預測的含義以及精益求精的作用，是一種預知結果的能力。

資料來源：陳龍安（1990）。基爾福特：智力結構模式。載於毛建溫等編譯，**資優教育教學模式**（頁86）。台北市：心理。

三、多元智力的內涵

Gardner（1999）的智力理論擴大人類對智力的闡釋，其七項智力被概念化在三個廣域的類別中：第一，物件相關形式，（object-related forms）的智力，包括空間、邏輯／數學、肢體／運作智力，這些能力為個人在環境中所面臨的物件所控制與形塑。第二，自由物件（object-free）

的智力，包括語文與音樂智力，不是由自然界形塑、而是依語言與音樂系統。第三，與人有關（person related）的智力，人際與內省智力，這是對抗平衡的有力組織（林美玲，2001；封四維，2000；劉唯玉，2010；Davis, Rimm, & Siegl, 2011; Karoly, Ramos-Ford, & Gardner, 2003）：

(一)語文智力（verbal / linguistic intelligence）

意指口語與文字書寫的運用能力，包括對語言文字之意義（語意能力）、規則（語法能力），以及聲音、節奏、音調、詩韻、（音韻學能力）、不同功能（語言的實用能力）的敏感性，亦即，以文字思考及使用語言表達與鑑賞複雜意義的能力。作家、詩人、雜誌編輯者、演說者、及新聞廣播者，全都展現高度的語文智力。

這種智力以擴聲器為表徵符號，具體化為說與聽的觀念，文字是這種智力的核心。這種智力包括接受的語言（聽與閱讀）及表達的語言（說與寫）。其核心成份為「對聲音、結構、意義、文字及語言的敏感性」，這些能力表現出來即是聽、說、讀、寫的能力。

(二)音樂 / 韻律智力（musical / rhythmic intelligence）

意指察覺、辨別、改變和表達音樂的能力，這種智力允許人類能對聲音的意義加以創造、溝通與理解，主要包括對節奏、音調、旋律、音色的敏感性。展現這種智力的人包括作曲家、演奏家、音樂家、評論家、樂器製作者、及敏銳的傾聽者。其核心成分為「能創作並欣賞、節奏、音樂、旋律、音色及音樂的表達形式」。

(三)邏輯 / 數學智力（logical / mathematical intelligence）

意指運用數字和推理的能力、及對抽象關係的使用於了解，其核心要素包括察覺邏輯或數字之類型的能力，以及進行廣泛的推理，和巧妙的處理抽象分析的能力，例如計算、量化、考慮命體與假設、並完成複雜的數學運作。科學家、數學家、會計師、工程師、與電腦程式設計師，全都展現高度的邏輯 / 數學智力。

這種智力以折線圖呈現特定的資料，包括科學假設的推理、電腦程式的邏輯發展、數學方程式運算的程序、及社會趨勢的因果循環，其核心成分為「敏於邏輯和數字運算」。

　　這種智力包括比較、分類、程序、與優先性等微型的分析技巧，分析、評量、與邏輯地推測能力，都是這種智力的要素。

(四)視覺／空間智力（visual／spatial intelligence），

　　意指對視覺性或空間性訊息的知覺能力，以及把所有知覺到的加以表現出來的能力，其核心要素包括精確知覺物體或形狀的能力，對知覺到的物體或形狀進行操作或在心中進行空間旋轉的能力，在腦中形成心像及轉換心像的能力，對圖像藝術所感受的視覺與空間之張力、平衡與組成關係的敏感性。空間智力教學水手、飛行員、雕刻家、畫家、與建築師的三度空間的思考能力，它使人知覺內在與外在的想像、創造、轉變、或修正影像，繪製或解釋圖表資訊。

　　這種智力以影片投射機的符號為表徵，當心智概念化四周環境的觀念，即經常使用影像、圖畫、與圖表的呈現，這種智力被指為心智的眼睛（mind's eye），從視覺得隱喻與記憶痕跡看世界。其核心成分為「能準確的感覺空間，並把所知覺到的表現出來」。日常表現為喜好塗鴉、繪畫、雕塑及善於辨識面貌、物件、形狀、顏色、細節和景物等。

(五)肢體／運作智力（bodily／kinesthetic intelligence）

　　意指運用身體來表現想法與感覺，以及運用雙手生產或改造事物的能力，其核心要素包括巧妙的處理物體的能力，巧妙地使用不同的身體動作來運作或表達的能力。肢體／運作智力使人具備操縱事務與體育韻律的技巧，明顯地表現在運動家、舞蹈家、外科醫師、及技藝人員身上。通常，身體技巧不如心智技巧同樣被高度重視，然而，使用身體的能力是人類生存所必須的，而且是許多聲望人物的重要特徵。

　　這種智力以牆面版為符號表徵，行動是這種智利的關鍵，身體（body）是心智（mind）的導管，肌肉活動從經驗獲得訊息。其核心成分為「能控制身體動作及靈巧處理事務的能力」，這項智能包括特殊的身體技巧，如協調、平衡、敏捷、力量、彈性和速度，以及自身感受的、觸覺的和由觸覺引起的能力。

(六)人際智力（interpersonal intelligence）

　　意指辨識與了解他人的感覺、信念與意向的能力，其核心要素包括注

意並分辨他人的心情、性情、動機、與意向，並做出適當反應的能力。人際智力是了解及有效與他人交互作用的能力，成功的教師、社會工作者、政治家均擁有這類智力。西方文化最近認知心智與身體間連貫的同時，也重視人際行為的重要性。其核心成分為「能適切地辨別及回應他人的情緒、脾氣、動機及期望」，這包括對臉部表情、聲音和動作的敏感性，辨別不同人際關係的暗示，以及對這些暗示做出適當反應的能力。

(七)內省智力（intrapersonal intelligence）

意指能對自我進行醒察、分辨自我的感覺、並產生適當行動的能力，這種智力扮演「智力中樞的角色」，使個體能知道自己的能力，並了解如何有效發揮這些能力。其核心要素為發展可靠的自我運作模式，以了解自己的慾求、目標、焦慮與優缺點，並藉以引導自己行為的能力。內省智力是建構正確的知覺個人、並使用於設計與指引個人生活的能力，神學家、心理學家、與哲學家，均是具有強烈的內省智力者。

(八)自然智力（naturalist intelligence）

與人類所創造的世界相反，包括辨識、理解、與珍惜自然界的植物與動物群，例如，認知與分類物種、種植植物與畜養動物、知道如何適當使用自然界（土地等），及對自然界、生物、天氣類型、自然史等有好奇心。在發展自然智力的過程中，個人也發現驚奇、敬畏感、並尊重所有各種現象與自然界物種。農夫、獵人、動物園管理者、園丁、廚師、自然保育者等人均具有這種智力。核心能力包括觀察、辨識和分類的能力，核心成分為「能區分某個種類的不同或相似成員；以及能找出不同種類之間的關係」。

第三節　多元智能的特質

有關多元智力的特質（林美玲，2001）包括：

一、智力本身是一個學科（a subject）

意指教學多元智力（teaching for multiple intelligences）。每一種智力能被作爲一個學科教學；音樂技巧、語言、藝術作爲一個正式的學科，數學計算與推理、身體運動技巧（體育、舞蹈、戲劇），及有效運作與社會中的社會技巧。教學這種些學科需要掌握每一智力的發展階段並了解在學科的知識基礎、實務方法與智力技巧上所累積的文化智力。

二、智力是獲得知識的一種方法（teaching with multiple intelligence）

每一種智力能被使用作爲獲得本身以外領域的知識的方法：使用身體運動去學習智彙文字、使用音樂去教數學觀念、使用藝術（素描、繪畫、與雕刻）帶來不同生活階段的歷史與文化、討論研究目前事件的各種觀點、及分析比較歷史人物。

三、後設智力－研究智力本身（teaching about multiple intelligences）

處理後設智力過程的課程，關心教學學生有關其自己的多元智力－如何使用智力、如何增強智力、以及如何積極使用智力於學習及每日生活。

參考書目

吳昆壽（2016）。資賦優異教育概論。台北市：心理。

林美玲（2001）。多元智力理論與課程統整。高雄市：復文。

封四維（2000）。多元智慧教學：以國中英語科為例。台北市：師大。

胡繼淵、徐柄榮（2004）。多元智能理論與素質教育。載於程方平（主編），多元智能理論及其在教學中的應用（1-7頁）。北京市：學苑音像。

陳龍安（1990）。基爾福特：智力結構模式。載於毛建溫等編譯，資優教育教學模式（頁84～134）。台北市：心理。

劉唯玉（2010）。國小多元智能評量活動。台北市：五南。

Cattell, R.B. (1963). The personality and motivation of the researcher from measurement of contemporaries and from biography. In C.W. Taylor & F. Farron (Eds), *Scientific creative: Its recognition and development*(pp.119-131). New York: Wiley.

Davis, G. A., Rimm, S. B., & Siegle, D.(2011). *Education of the gifted and talented.* New York: Pearson.

Gardner, H. (1999). *Intelligence reframed: Multiple intelligences for the 21stcentury.* New York: Basic Books.

Guifford, J.P. (1967). *The nature of human intelligence.* New York: McGraw- Hill.

Karoly;, C.V., Ramos-Ford,V., Gardner, H.(2003). Multiple intelligences:A persperctive on giftedness. In N. Colangelo, G. A. Davis (Eds.).*Handbook of gifted education* (pp.100～112). New York: Allyn & Bacon,Guilford, J.P.(1967). *The nature of human intelligence.* New York:McGraw-Hill.

Simonton, D.K. (2003). When dose giftedness become genius? and when not? In N. Colangelo, G.A. Davis, *Handbook of gifted education*(pp.358-370). New York: Allyn and Bacon.

Spearman, C. (1927).*The abilities of man. Their nature and measurement.* New York: Macmillan.

Stemberg, R,J. (1985). *Beyond IQ: A triarchic theory of human intelligence.* New York: Cambridge University Press.

第四章　體覺智能

第一節　體覺智能之意涵

　　體覺智能（bodily-kinesthetic intelligence）係指運用個人身體的全部或部分來表現某一種工作或優異的作品。具有體覺智能者如傑出的運動員和舞蹈家（Davis, Rimm, & Siegle, 2011），亦即，能技巧地支配身體做有目的表現之能力（吳昆壽，2009）。體覺智能係指個體藉由手和身體運動、控制和表現來處理身體的訊息之能力（Logsdon, 2020）。特定身體動作的演化，對於物種而言具有明顯的優勢。對人類而言，這種適應又被工具的使用加以擴大。身體動作的進展在兒童時期明確地受到發展時間的影響。它在文化間的普遍性，基本上是沒有什麼問題的，因此它顯示出身體動覺的「知識」足以符合許多稱為一種智能的判準（李乙明、李淑真，2008）。

　　一般而言，通常可能比較無法憑直覺就考慮將身體動覺知識視為「問題解決」。擊出一顆網球，或者表演出一套默劇的肢體動作，固然不是在解決一道數學方程式。然而，使用身體表現情緒（如舞蹈）、參加比賽（如運動競技），或創造出一個新產品（如完成一個新發明）的能力，都在在顯示出身體的運用具有認知的特性。解決特定的身體動覺問題、打網球，都需要特定的運算（李乙明、李淑真，2008）。

第二節　體覺智能之特質

　　體覺智能係結合「身」和「心」來使身體表現完美的能力。從自動和有意義的動入開始，動覺能的運作乃用高度分化和技巧化的方式來運用身體，整體才能的表現均需一種能掌握時間點的敏銳度，並能將意向轉換為行。因此，動覺智能可謂人類認知的基礎，它是源自個體體驗生活時所獲得的感官動作經驗（郭俊賢、陳淑惠譯，1998）。因此，具有體覺智能之學童具有下列特質（封四維，2000；郭俊賢、陳淑惠譯，1998；Patterson,

2019）：

- 肢體語言 / 身體姿態
- 身體雕塑 / 舞台造型
- 戲劇演出
- 民俗 / 創造性舞蹈
- 體操的作法
- 人體表圖
- 發明
- 身體運動藝術
- 角色扮演
- 運動遊戲

其次，擁有體覺智能之學童常有下列的特徵（郭俊賢、陳淑惠譯，1998；Patterson, 2019）：

- 喜歡擺動身體、輕拍和揮動雙腳、彈跳，不喜歡只坐著不動；藉由身體和觸感來學習。
- 動覺型學習者（kinesthetic learners）俱有優異的身體記憶（physical memory）：當他們學習做（do）什麼的時候，學得很快。
- 在體育活動的表現非常優異，如跑步、游泳、舞蹈和其他運動。
- 具有優異的協調性，以及具有傑出的身體時空感；同時，具有優異的平眼協調能力和敏捷的反應。

換言之，具體覺智能之學童，主要的特徵包括（郭俊賢、陳淑惠譯，1998；Patterson, 2019）：

- 對身體刺激具有優異的反應。
- 喜愛具體的學習經驗、角色扮演、遊戲、裝配物件、身體運動。
- 具有傑出的身體技能－粗大動作技能（gross motor skills）和精細動作技能（fine motor skills）。

在身體動作中顯露平衡、優雅、靈活和精確。

- 身體具優異的彈性（flexibility）和敏捷性（agility）

- 雙手非常靈巧，具靈活性。
- 走動式（move around）的學習歷程。
- 具優異的協調性和時間感。

第三節　體覺智能學童之學習活動

具有體覺智能學童，喜歡參與的活動如下（封四維，2000；Patterson, 2019）：

- 實作活動（hand-on activities）
- 科學實驗
- 園藝
- 參與戲劇
- 舞蹈
- 體育活動，如爬山、翻滾、跳、爬。
- 運動
- 身體刺激性的之外活動，如徒步旅行、爬山丘、在森林快走。
- 大型活動
- 拾荒者的守獵
- 猜謎遊戲

於是，有助於體覺智能學童之學習包括如下（封四維，2000；Patterson, 2019）：

- 儘可能地讓他（她）們的學習予以表演
- 協助學童運用手勢，身體部位和模擬動作來記憶學習內容
- 運用許多實驗和計畫來學習科學和數學
- 提供多元的刺激環境
- 提供學童獲取多元的教材，俾利創造與實驗
- 由於難以安靜如坐，在學習過程中，提供漫步的時段。

至於，針對體覺質能學童所提供的玩具和教材包括：（封四維，2000；Patterson, 2019）

- 操作性玩具
- 結構性組合、標識
- 黏土
- 各種不同戲劇之道具
- 戶外裝備或道具
- 運動設備，棒子、球拍、球。
- 智力遊戲
- 樂舞

第四節　教導體覺質能學童輔導策略

其次，教導體覺智能學童在數學、科學、地理和歷史等學科時，可運用的策略包括（封四維，2000；Patterson, 2019）：

在數學方面

- 在教加法和減法時，可提供不同的箱子和一組的球，讓他（她）們持球置於箱子，藉以解釋與說明加法和減法。
- 教導長度、寬度、圓周、體積時，可教導學童用手勢來表示渠等概念。

在科學方面

- 可以藉由角色扮演來說明科學概念。
- 進行科學實驗，如日常生活中的化學作用，簡單物理。
- 透過圖畫和繪畫來學習原子、電子、質子，利用地板學習原子核繞軌道運作之情形。

在地理方面

- 教導學童一些舞蹈，從一個國家跳到另一個國度。
- 讓學童利用不同的手勢來表示不同的地形

在歷史方面

- 協助學童運用戲劇來演示重大的歷史事件。
- 透過猜謎遊戲學習各種歷史事件

其他可能特徵（封四維，2000）

1. 喜歡運動
2. 喜歡行動
3. 對身體控制有極佳能力
4. 喜歡動手處理事情
5. 會記得做過什麼，而非看過、說過什麼
6. 對實際環境有高度反應
7. 經由學習過程的實際參與而學習
8. 擅長手工藝
9. 喜歡接觸
10. 時空配合度高

第五節　指導體覺智能之方法

如何強化的方法（封四維，2000）：

1. 在運動如游泳或是慢跑時，將所學知識在心裡複習。
2. 將做中學觀念用於科學及數學
3. 利用演戲、角色扮演的活動力
4. 利用實地參觀及考察
5. 利用教室做活動
6. 利用舞蹈學習
7. 利用身體運動、融入學習項目
8. 利用手工藝學習及模型、機械學習
9. 利用坐禪、太極拳、空

肢體－動作智慧之教學工具箱（封四維，2000；林美玲，2001）：

・舞蹈
・角色扮演
・身體姿態
・演戲

- 肢體語言
- 功夫
- 啞劇
- 身體運動、身體放鬆運動
- 運動比賽
- 發明
- 手藝
- 烹飪、園藝
- 觸覺材料與經驗
- 手操縱

參考書目

李乙明、李淑貞（譯）（2008）。**多元智能**（原作者：H.Gardner）。台北市：五南。（原著出版年：2006）

吳昆壽（2009）。**資賦優異教育概論**。台北市：心理。

林美玲（2001）。**多元智力理論與課程統整**。高雄市：復文。

封四維（2000）。**多元智慧教學：以國中英語科為例**。台北市：師大。

郭俊賢、陳淑惠譯（1998）。**多元智慧的教與學**。（原作者：L. Campbell, . Campbell, D. Dickinson）。台北市：遠流。（原著出版年：1996）

Davis, G. A., Rimm, S. B., & Siegle, D.(2011). *Education of the gifted and talented.* New York: Pearson.

Logsdon, A. (2020). *Bodily kinesthetic learning style and characteristics; Learning through physical hand and body movement.* New York: School learning.

Patterson, M. N. (2019). *Every body can learn:Engaging the bodily-Kinesthetic intelligence in the everyday classroom.* New York: love learning.

第五章　原住民族體覺智能

第一節　體覺智能之意涵

　　體覺智能（bodily-kinesthetic intelligence）係指具協調身體動作的能力（Kirk, Gallagher, Colerman, & Anastasiow, 2012）。換言之，協調性乃是身體動覺智能之核心能力。協調性（coordination）是指身體統合神經、肌肉系統以產生正確、和諧優雅的活動能力，它是身體從事運動時與運動技巧有關的體能（skill-relation fitness）（林正常，1990）。換言之，協調能力又稱為調整力或稱技巧性、巧緻性等各有共通的地方，於是常同意義的使用，它包含放鬆、韻律、平衡與時機等四種體能要素。這些體能要素與運動技術的發揮（時空的掌握，動作的流暢性）有非常密切的關係，是動作技術高度表現的表徵（廖焜福，2002）。

　　許樹淵（1997）指出，協調性為肌肉內的協調能力，是指肌肉與肌肉結構的處理綜合表現，在中樞神經系統與動作器官之間較好的相互配合。內部過程由於效益提高，促使動作流程變得流暢、快速。事實上，協調性是體能的一種，而體能是運動選手的根本，是運動訓練最重要的關鍵之一。有了良好的體能才能將運動技術發揮到最高境界。選手體力發揮以肌力、動力和耐力為主，以柔軟性、協調性、敏捷性、時機、平衡、放鬆和集中力的配合為輔（林正常，1986）如下圖。

　　吳慧君與林正常（1999）指出，協調性受遺傳的影響很大。運動中的協調性可分為神經、肌肉和動覺協調三部分。神經協調是在完成動作時，神經過程的興奮和抑制的相互配合和協同；肌肉協調是指肌肉適宜而合理的用力，其中包括工作肌用力的程度和用力的時間程序，而用力的程度取決於參與工作的肌肉和肌纖維的數量，用力的時間程序則是指肌肉緊張和放鬆的相互配合。動作協調性是有機體各部分在空間和時間上的互相配合，取決於本體感受所提供的訊息。協調性雖受遺傳的影響很大，但經過後天的努力仍可提高，尤其是在肌肉和動覺的協調方面。例如，兒童、少年的協調能力主要是受遺傳的表現，但隨著年齡的增長，力量、速度及耐

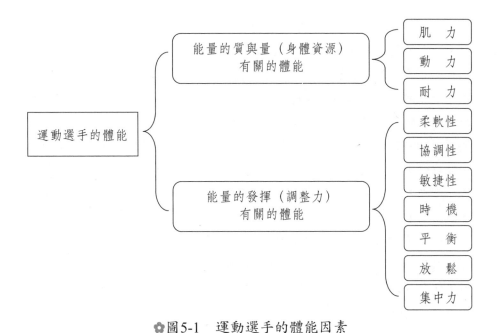

☙圖5-1　運動選手的體能因素

資料來源：林作慶（2008）。**協調性與羽球殺球揮拍速度之相關研究**（頁 **7**）。台北市：師大。

力等體能的自然增長，加上神經系統的發育、協調能力在後天也會得到發展（林作慶，2008）。

第二節　體覺智能之運動技能與全身體能

　　體覺智能用全部或部分身體以表現任務或形成作品的能力，如運動員與舞者（潘裕豐，2012；Gardner, Korn, & Chen, 2018）；即能善於運用身體來表達想法和感覺，以及運用雙手靈巧地生產或改造事物的能力，如工匠、雕塑家、機械師、外科醫師（王爲國，2006）。就以田徑運動爲例，田徑是運動之母，是各項運動的基礎。它能全面且有效地發展人的身體素質和運動技能，對其他各項運動技術發展和成績提升都有　好作用（文超，2016；翁志成，2006；葉憲清，2013）。因此，各項體育運動都

把田徑運動作為訓練手段。事實也證明，許多優秀的球類運動員，都有較高的田徑運動能力水準。可見，田徑運動不但是各項運動之基礎，也是對運動科學表現的結合體，反映出各項運動間的內在聯繫。田徑運動包括競走、跑、跳躍、投擲及全能運動。西元前776年，在古希臘奧林匹克村舉行了第一屆古代奧運會，那時田徑運動就已經成為正式比賽項目之一（郭鴻明，2007）。遠自1894年在法國巴黎成立了現代奧運會組織。1896年在希臘舉行第一屆現代奧運會，在這屆奧運會上田徑的走、跑、跳躍、投擲等，都被列為大會主要項目。至今已舉行過的各屆奧運會上，田徑運動也一直都是主要比賽項目之一（郭鴻明，2007）。

　　田徑運動技術直接和體能有密切關係，所以田徑運動都需要全部體能，尤其全能運動員最為密切。田徑運動各項目體能都有它的特徵，依據日本前教育大學競技研究所提出的觀點，以訓練立場而言，體能應分為七項要素（許樹淵，1997）：

　　(一)肌力－能抵抗重量的能力。

　　(二)動力－能容忍重量而迅速行動的能力。

　　(三)耐力－1.無氧耐力（氧債能力）2.有氧耐力（攝氧能力）

　　(四)速度－肌肉收縮的速度。

　　(五)敏捷性－對刺激的反應速度。

　　(六)柔軟性－關節可動範圍的廣度與動作的大小。

　　(七)協調性－平衡、韻律與時間的配合放鬆與正確度。

　　(八)精神力－鬥志、能容忍肉體痛苦能力、能接受精神壓力的能力、集中能力、日常生活的自制能力。

　　許樹淵（1997）提出田徑的體能有兩大類：

(一)全身性體能

　　身體的肌肉控制、時宜的控制和穩定平衡的控制等三種控制能力所形成。主要特色包括：

　　1. 敏捷性：身體各部位快速改變位置、方向的能力。

　　2. 協調性：身體部位依順序完成效率動作的能力，包括肢體協調、全身協調、全身他物協調。

(二)專項體能

1. 肌力：肌肉抗阻力的能力。
2. 速度：肌肉彎曲、回復、方向改變的快速能力。
3. 瞬發力：肌肉抗阻力的快速能力。
4. 耐力：心肺、肌肉長時間在工作的能力。
5. 柔韌性：關節活動範圍的能力、方向變化的能力。
6. 平衡：三維動作的控制能力。
7. 韻律：動作時間的節奏。
8. 正確性：有效範圍的空間能力。
9. 精神力：注意力和自我控制能力。

總之，田徑是體育運動之母，得田徑者得天下。田徑能增進速度、肌力、耐力、柔軟性、敏捷性、動力、協調性等體能。

第三節　原住民族體覺智能之表現

根據伍賢龍（2002）研究發現原住民女學童在在空間、內省、肢體—動覺和人際等為原住民學生之優勢智能。原住民學生多元才能探尋模式之研究發現，原住民學生就資優班其中以體育資優生人數最多，依族別以阿美族學生人數較多。教師認為原住民學生擅長的領域為音樂、體育、舞蹈及美術領域。其次，原住民學生能力以自然探究、身體律動、視覺藝術及領導能力較佳（廖永堃，2002）。

根據洪清一（2005）研究發現就讀在體育能力資優班中，阿美族90（11%）人、排灣族1（0%）人、泰雅族23（3%）人、布農族10（1%）人、賽夏族1（0%）人、噶瑪蘭2（0%）人、平地人33（4%）人。換言之，在體育能力資優班中，大多為原住民學生，而平地學生較少，其中，阿美族學生較多。

富技巧性、協調性、爆發力的田徑運動項目為原住民田徑運動強項。由表5-1得知，台灣原住民田徑選手參加民國1946-1966年的亞運會總共有14人次參加，而得獎的人次卻超出20人次。在短短的16年的歲月裡，五屆

的亞運會原住民選手的表現讓亞洲各國刮目相看。五屆的亞運會共榮獲4項金牌，包括楊傳廣的十項運動兩面、蔡成福400公尺一面、吳阿民的十項運動一面，楊傳廣及蔡成福雙破亞運紀錄及全國紀錄。值得注意的是十項運動參加三次亞運會三次都榮獲冠軍，兩次楊傳廣、一次吳阿民，林德生參加第二屆也獲得第四名，由此可見我國的十項全能運動是具有實力，原住民選手在十項全能運動也是佼佼者，不容忽視（郭鴻明，2007）。

✿表5-1　優秀台灣原住民田徑選手參加亞運會成績一覽表

選手	族別	屆	地點	性別	項目	名次
楊傳廣	阿美族	2屆	馬尼拉	男子	十項運動	1
林德生	阿美族	2屆	馬尼拉	男子	跳遠	3
楊傳廣	阿美族	3屆	東京	男子	十項運動	1
蔡成福	泰雅族	3屆	東京	男子	400中欄	1
楊傳廣	阿美族	3屆	東京	男子	110高欄	2
楊傳廣	阿美族	3屆	東京	男子	跳遠	2
蔡成福	泰雅族	3屆	東京	男子	1600接力	2
楊傳廣	阿美族	3屆	東京	男子	400中欄	3
吳阿民	阿美族	5屆	曼谷	男子	十項運動	1
田阿妹	阿美族	5屆	曼谷	女子	400接力	2

資料來源：郭鴻明（2007）。**優秀台灣原住民參與田徑運動賽會發展之研究（1946-2006年）**（頁58）（未出版之碩士論）。國立台東大學，台東縣。

　　楊傳廣（1933-2007），台東阿美族人，自小生活於自由自在，充滿樂趣的鄉村裡，尤在小學時期，每天赤腳跑一段路上學，放學後便和同儕在原野上奔跑。於是，無形中培養優秀傑出的體能活動。於1958年5月赴東京參第三屆亞洲運動會十項運動，獲得冠軍金牌；於1959年6月參加四十一屆十項運動會，獲得冠軍金牌；於1960年7月參加全美四十二屆十項運動錦標賽，獲得第二名（雷寅雄，2008）。簡言之，楊傳廣14年 也

曾獲得的11次重要國際比賽的冠軍。楊傳廣成為我國第一位贏得奧運田徑賽首面銀牌，直到今日仍以楊傳廣的銀牌為我國田徑運動史上最高的成績，也可能成為台灣永遠的光榮（郭鴻明，2007）。

✿表5-2　楊傳廣參加國際重要比賽贏得金牌簡表

賽名	地點	項目	名次
第二屆亞運	馬尼拉	十項運動	1
第三屆亞運	東京	十項運動	1
全美大學體聯十項錦標賽	金斯柏格	十項運動	1
太平洋海岸大學聯盟十項賽	艾孟特	十項運動	1
南太平洋各大學十項錦標賽	加州華爾紐	十項運動	1
萊爾全美十項運動賽	都萊爾	十項運動	1
俄勒岡州室內田徑賽	波特蘭城	撐竿跳高	1
聖安東尼國際十項運動賽	聖安東尼	十項運動	1
美國華爾紐十項賽	華爾紐	十項運動	1
美國華爾紐十項賽	華爾紐	十項運動	1
加拿大國際田徑邀請賽	多倫多	十項運動	1

資料來源：郭鴻明（2007）。**優秀台灣原住民參與田徑運動賽會發展之研究（1946-2006年）**（頁63）（未出版之碩士論）。國立台東大學，台東縣。

其次，吳阿民，1938年生，係阿美族人，住花蓮縣光復鄉馬太鞍部落，為國際田徑賽場上揚眉吐氣的十項運動全能好手，吳阿民十項運動會成績如下（高銘甫、林國棟，2015）：

✿表5-3　吳阿民十項運動會成績

年代	參加運動會名稱	比賽項目	名次
1961	台灣省運動會	十項	金牌
1962	台灣省中上運動會	十項	金牌

年代	參加運動會名稱	比賽項目	名次
1966	曼谷亞運	十項	金牌
1968	日本全能錦標賽	十項	金牌

另之，繼而出現在國際田徑十項競賽是古金水，阿美族人，住花蓮縣壽豐鄉光榮村。在田徑場上可謂千錘百鍊，在國內外的比賽中贏得無數榮耀。連同撐竿跳及十項全能，古今水在亞運及亞洲田徑錦標賽一共摘取七面獎牌（一金三銀三銅）；自1982年以來，十五度打破撐竿跳全國紀錄；在台灣區運動會，共獲十七面撐竿跳及十項全能金牌；於1985年在印尼雅加達摘取田徑錦標賽獲金牌，堪稱為「亞洲新鐵人」，亦是台灣第三位「鐵人」（曾清淡，2016）。於1990年第11屆北京亞運以7623分第2名。尤其，新一代在田徑運動有傑出表現的楊俊瀚，不論在全國性決賽、區域性決賽和國際性決賽的表現，均為優異（（郭鴻明，2007）。

✿表5-4　楊俊瀚參加全國性和國際重要比賽贏得金牌簡表

年代	運動會名稱	運動項目	成績
2013	年亞洲青年運動會	200公尺	金牌
2013	中華民國全國運動會田徑	200公尺	第二名
2013	世界中學生運動會	100公尺	第三名
2014	夏季青年奧林匹克運動會	200公尺	銅牌
2015	新加坡田徑公開賽	200公尺	第一名
2015	中華民國全國中等學校運動會田徑	100公尺	第一名
2015	中華民國全國運動會田徑	100公尺	第一名
2015	中華民國全國運動會田徑	200公尺	第一名
2017	亞洲田徑錦標賽	200公尺	金牌
2017	夏季世界大學運動會田徑	100公尺	金牌

資料來源：楊俊瀚（2020年3月13日）。原住民傑出田徑運動員。取自
https://zh.wikipedia.org/wiki

有關楊俊瀚，阿美族，參加區域性重要比賽贏得金牌簡表如下：

✿表5-5　楊俊瀚參加區域性重要比賽贏得金牌簡表

區域	年代	運動會名稱	運動項目	成績
國際性決賽	2017	夏季世界大學運動會	100公尺	第一名
區域性決賽	2013	亞洲青年運動會	200公尺	第一名
	2016	亞洲青年田徑錦標賽	200公尺	第一名
	2017	亞洲田徑大獎賽臺北站男子組	200公尺	第一名
	2017	亞洲田徑錦標賽	200公尺	第一名
全國性決賽	2017	中華民國全國大專校院運動會公開男生組	100公尺	第一名
	2017	中華民國全國大專校院運動會公開男生組	200公尺	第一名
	2018	臺灣國際田徑公開賽男子組	100公尺	第一名
	2018	日本學生陸上競技個人選手權大會男子組	100公尺	第一名
	2018	中國全國短跑項群賽大連1站男子組第2組測驗	100公尺	第一名
	2018	中華民國新北市全國青年盃田徑錦標賽公開男子組第2組	200公尺	第一名
	2018	中華民國全國原住民族運動會公開男子組	100公尺	第一名
	2018	中華民國全國原住民族運動會公開男子組	200公尺	第一名
	2018	中華民國全國大專校院運動會公開男生組	200公尺	第一名
	2019	駱駝城邀請賽	60公尺	第一名
	2019	JDL大學Team挑戰賽（Section: 1）	60公尺	第一名
	2019	JDL（DMR）邀請賽	60公尺	第一名

區域	年代	運動會名稱	運動項目	成績
	2019	JDL（DMR）邀請賽（Section: 1）	200公尺	第一名
	2019	中華民國年全國運動會男子組	100公尺	第一名
	2019	中華民國年全國運動會男子組	200公尺	第一名
	2019	臺灣國際田徑公開賽男子組	100公尺	第二名
	2020	中華民國年新北市全國青年盃田徑錦標賽公開男子組第2組	200公尺	第一名
	2020	港都盃全國田徑錦標賽公開男子組	100公尺	第一名

資料來源：楊俊瀚（2020年3月13日）。原住民傑出田徑運動員。取自 https://zh.wikipedia.org/wiki

參考書目

王爲國（2006）。多元智能教育理論與實務。台北市：心理。

文超（2016）。田徑運動高級教程。台北市：大展。

伍賢龍（2002）。國小兒童學習風格與多元智能及相關教學現況之研究（未出版之碩士論文）。國立新竹師範學院，新竹縣。

吳慧君、林正常（1999）。運動能力的生理學評定。台北市：師大。

林正常（1986）。運動科學與訓練—運動教練手冊。台北市：銀禾。

林正常（1990）。運動科學與訓練—運動教練手冊。台北市：銀禾。

林作慶（2008）。協調性與羽球殺球揮拍速度之相關研究。台北市：師大。

洪清一（2005）。原住民與一般生資賦優異學生家庭動力與學習效率之研究（頁122）。台北市：五南。

翁志成（2006）。田徑教材教學與訓練。台北市：師大。

高銘甫、林國棟（2015）。台灣田徑魂：十項運動金牌選手吳阿民。載於林伯修（總編），台灣百年體育人物誌第十輯（頁158-179）。台北市：台灣身體文化學會。

郭鴻明（2007）。優秀台灣原住民參與田徑運動賽會發展之研究（1946-2006）（未出版之碩士論文）。國立台東大學，台東縣。

許樹淵（1997）。運動科學導論。台北市：偉彬。

曾清淡（2016）。田徑鐵漢，歷盡滄桑：古今水。載於林伯修（總編），台灣百年體育人物誌第十一輯（頁241-270）。台北市：台灣身體文化學會。

廖永堃（2002）。原住民學生多元才能探尋模式之研究（未出版之博士論文）。國立台灣師範大學，台北市。

楊俊瀚（2020年3月13日）。原住民傑出田徑運動員。取自https://zh.wikipedia.org/wiki

葉憲清（2013）。運動訓練法。台北市：師大。

雷寅雄（2008）。亞洲鐵人楊傳廣。載於程瑞福（總編），台灣百年體育人物誌（頁7-39）。台北市：台灣身體文化學會。

潘裕豐等譯（2012）。**資優教育概論**。台北市：華藤。

廖焜福（2002）。**羽球運動**（未出版之碩士論）。國立體育學院，桃園市。

Kirk,S., Gallagher,J.J.,Colerman, M.R. & Anastasiow,N. (2012). *Educating exceotional children.* New York: Wadsworth

Gardner, H., Korn, M., & Chen, J.Q. (2018). The theory of multiple intelligences psychological and educational perspective. In R.J. Sternberg, *The nature of human intelligence*(pp.116-129). New York: Cambridge

第六章　原住民族舞蹈智能

第一節　舞蹈的意涵與功能

舞蹈是一種隨著音樂節奏移動身體的動作，人類似乎有天賦的能力使個體隨著韻律性動作將情感表達出來。例如，大多數的孩童興奮時，都會跳上跳下，當他們感到滿足或無憂時，則喜歡輕輕搖擺。在舞蹈中，人們便將這些身體的表達動作加入各種韻律或視覺方面的方式中（張之傑，1986）。舞蹈是一種人類心靈共同的語言，是一種表達人類情緒、最原始、最徹底、最有效的藝術。它與音樂藉助音符和聲音，透過人體本能的動作，發自人類心靈深處的感觸，以優美、有節奏的姿態，來表達個人內心最自然和蘊含眞、善、美的感情、思想與意志。除此之外，舞蹈更能陶冶性情，供應社交生活，培養處世態度（焦嘉誥，1983）。

李宗芹（1996）指出，舞蹈是一個最直接的接觸實體，個體對自我的省察與自我了解，可以透過身體行動而發展；而且個體和外在環境的互動，也是透過身體而感知。當身體與心理一起工作時，於此相互關係間創造了健康、平衡，在動、靜交替運作的身體過程中傾聽生命的內在聲音，並形諸於外在表達。

就藝術的本質而言，由於舞蹈是以人來表達意識的素材，因此，人體就是舞蹈唯一的工具，也就是用人體的動作姿態來表現具體的意念。舞蹈不但表達情感，更因具有節奏和韻律，藉以鍛練身體，而且，可以修養心靈、陶冶性情。由此可知，舞蹈除具有意念、心靈和性情等自我心理的陶冶外，亦具有生命維護和群體性及社會性等人格適應之培養。

基本上，舞蹈可促進身心各方面得以均衡的生長和發展，培養對於美的欣賞與理解能力、啟發想像及創造能力、正確的反應及韻律感、優美的體態及正當社交之態度、舞蹈的技能和充實康樂生活，指導學生保健的基本知識及習慣，以及學生友愛、同情禮讓等美德與誠實、守時、負責等習慣（吳萬福，1986）。

第二節　舞蹈的理論模式

　　舞蹈有其理論模式（圖6-1），教師可依據理論之層次或程度，教導學生學習不同層級之舞蹈活動或表演。基本上，每一個層次之舞蹈，均有其特殊的功能，在協助學生建立健全和積極自我概念和人格適應，有其參考價值。茲就每一層次之內容與功能，分述如下（Sherrill, 1986；李宗芹，1996）：

(一)身體韻律動作（rhythmic body action）

　　身體韻律動作常用在舞蹈治療上，身體韻律動作不僅僅是前後搖擺、拍手，或踏腳而已，它應包括整個身體或身體的部分。因此，廣義而言，身體韻律動作是指包含所有正統的舞蹈經驗，身體韻律動作常是建立社會化之重要步驟。

(二)自發性舞蹈（spontaneous dance）

　　自發性舞蹈，是指兒童在遊戲情境中所產生的移動（locomotor）或非移動（nonlocomotor）的活動。教師可鼓勵學生滾車輪、翻斛斗、跑步、跳躍和跳繩等活動來克服。運動可以刺激學生表達埋在內心深處之憧憬、慾念，及個人的衝突。同時，當學生參與運動時，可以表達和詮釋他們的幻想，無形中，學生不知不覺地將心中的想法提供給教師，既使是特殊需求學童，可從自發性舞蹈獲得良好的益處。

(三)戲劇表演和演員舞蹈（dramatic play andcharacter dancing）

　　戲劇表演和演員舞蹈可提供情緒渲洩（emotionalcatharsis）的機會。舞蹈表演（acting out）或真實生活情境，則提供親身體驗來適應這樣的情境之機會。智能不足學生亦可以設法變得很害怕或驚喜，或者一無所知。主要的目的是使學生在故事或在一個非常安全的生活情節中，體驗生命的角色。

　　故事的特徵化（characterization）可提供學生表現社會可接受的行為，而且，協助學生辨別現實和理想環境之間的不同。演員舞蹈之主要目

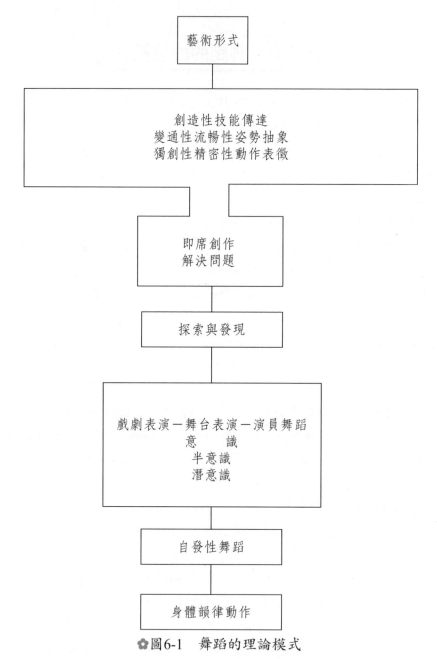

✿圖6-1 舞蹈的理論模式

資料來源：Sherrill, C. D. (1986). *Adapted physical education and recreation* (p.363). New York: Wm. C. Brown Publishers.

標是對建設性退化和積極性之昇華，以及性驅力，提供社會可接受的行為。

(四)動作的發現（movement exploration）

　　動作的發現同樣的常被舞蹈治療家和舞蹈教師所用。爲了發現自我和檢查自己的動作效果，協助學生創新。學生必須充分了解和接納自己，而且，必須協助了解他所喜歡的什麼，不是他能做的是什麼。自由的發現、創新和改進，常交互地運用在學生的舞蹈中。這種方法不賴於某種之情節或故事的線索，鼓勵學生創造。意指自發的、直覺的問題解決，換之言，在解決歷程中，動作和思考是一體的。在舞蹈治療，即席創作主要是提供機會，想像在社會上可以接受的行爲，以及使心中攻擊、敵意或性慾，舒解在一個安全和無價值判斷的環境。換言之，希望藉著身體動作來增加個體的活動量，並協助個體更有能力，更易於表達自己的情緒、態度和觀念。而在舞蹈教學裏，即席創作的表演，在舞蹈視爲發展技能。

　　李宗芹（1996）指出，創造性舞蹈強調情緒和情感的釋放，創造時先排除思考，以情緒感覺來啓動身體表達，在情感與身體融合情形下的即興創作，往往來自個人深層的內在聲音，將使個人原本未知的情感由於表達而生動地顯現。在創造性舞蹈的活動中，想像力與即興是個人潛意識重要訊息的來源，它可以協助個體去建構未知的感覺。因此，基本上，創造性舞和即興式的創造代表情緒本身，由結構性的過程控制或引導情緒的表露。

　　在創造性舞蹈中，學生可藉由舞蹈體會各種不同的情感。特別是一些不感主動表現自己的人，能藉由這種方式給自己更多的勇氣表達，舞蹈後的自由討論與交流，無形中促進人我間的互動關係，對學生社會情感和社會關係有莫大的助益。

(五)動作和模仿舞蹈活動（pantomime and mimetic dance activities）

　　在治療情境中，動作和模仿舞蹈活動可協助學生和現實環境接觸，並提供練習適當的動作來表達特殊的情緒和感覺。模仿舞蹈活動亦用來誘發表演和說出與過去有關之想法和經驗最有效的方法。李宗芹（2004）指出，模仿舞蹈是學演別人動作，亦可稱爲鏡子舞蹈，可以幫助個認識到自

己以外的行為典型。對一些沉默，不與人溝通，只熱衷於自己想法的人有幫助。

第三節　舞蹈動作

舞蹈動作之因素應包含如下（李宗芹，1996；Sherrill, 1986）：

(一)空間的要素（elecment of space）

整個宇宙是一個無限的空間，人類的身體在這個空間中活動，即使靜止不動，身體在空間中亦製造了一個形狀，當身體移動時又包含了高低不同的水平及不同的方向與路徑，這些就是空間的構造型式。在舞蹈動作中，空間是極具彈性的，除了具體的舞台、房間等硬體設施之外，身體也可以塑造空間，使它呈現不同的效果，因此，空間的存在絕對不可忽視。一般而言，構成空間之要素分述如下（李宗芹，1996；Sherrill, 1986）：

1. **身體運動的方向**（direction of body movement）

包括左、右、向前、向後、向側、上、下、向內、向上、向下等。身體可以面對著一個固定的方位而往左、右、前、後及斜角等方向移動，方向的轉換隨時皆可進行。

2. **運動的水平**（level of movement）

如身體位置的高、底、適中：躺、坐、蹲、跪、站等。身體在空間中舞動時，可以由低至高或是一直保持相同的高度，這些高低不同層次的變化就是水平。每個人的身高不同，因此，當個人身體在平常站立或走路時的高度為中水平，而屈膝及彎腰接近地板時，呈現了低水平；跳躍或踮腳時則為高水平。

3. **運動的範圍**（dimension of movement）

大、小、寬、窄、長、短。

4. **運動的步法**（path of movement）

直線、曲線（彎曲、z 字形、扭轉、彎曲。

5. **眼睛的焦點**（focus of eyes）

堅定的、迷惘、近的、遠方、向上、向下、向內、向外。

(二)形式的要素（element of shape）

形式或形狀是身體在空間中最明顯呈現的元素，它可以由個人的身體來塑造，也可以由一群人的肢體動作造形的表現，同時也可以使用道具、服裝等配合來塑造，而身體的形狀又因為肌肉、骨骼運作的不同，使得造形有許多的變化。

1. 水平式（horizontal shaping）

是指學生能夠表現伸展（spreading）和圍繞（enclosing）的動作之能力。水平式動作包括向前轉或向後轉等所有旋轉的動作。

2. 垂直式（vertical shaping）

是指能夠跳上和跳下的能力而言。

3. 縱向式（sagittal shaping）

是指向前和向後的能力。

(三)時間的要素（element of time）

舞蹈就如同這世界上的其他活動一樣，都包含著時間因素，從動作開始到結束，一段技巧、一個段落，都無法避開時間的訊息。舞蹈時必定有一個開始，而於某時段時間內後結束，在中間這段時間內發生了什麼？是快或是慢？這種快與慢，則視這段時間內的身體移動速率而定，這種動作上的快與慢，或是加速，或是減速，或是停止，即稱之速度。

1. 運動的速度

運動包括快、慢、加速、減速。速度是時間元素中的重要構成，速度的快慢，決定了動作能量使用的多寡及動作的感覺。無論是慢動作或是快動作，是增快或減緩，速度上可以有極大範圍的變化。換言之，透過速度的變化，活潑的動作，可使舞蹈更富趣味和活力。

2. 節奏（rhythm）

節奏包括平板的（even）、變化型的（uneven），即規則或不規則的韻律。舞蹈時，因為速度的變化和時間長短使用不同，自然地產生了節奏。有了節奏感，可使動作更加鮮活。

李宗芹（1994）指出，舞蹈中的基本節奏包含拍子、節奏模式、重音和舞句等要素：

(1) 拍子：在每個人的體內都有著自然的節拍，如呼吸、心跳、走路等固定規則的節拍。此外聆聽音樂時也可以感覺到不同的節拍。

(2) 節奏模式：長與短、快與慢的拍子組合稱為節奏模式。不同的節奏模式，可以培養個體跟隨與反應的能力。

(3) 重音：它是拍子的一部分。在舞蹈中，它是一種強調動作的拍子，如同在許多音樂中，每一節的節拍第一拍較強。

(4) 舞句：係指動作與動作組合串連在一起，即成為舞句。舞句可長可短，舞句也可有各種不同的速度及長短時間，也可以是幾個分離動作的連接，舞句與舞句的連接，即可成為一支舞。

(四)力度的要素（element of force/effort）

如重力、輕度、張力、強度、柔軟度等。不同大力度的注入，可以使得動作有其變化性與特殊的質地，這種質地可以是輕或重、強或弱、圓滑或尖銳、緊張或放鬆等。一般而言，強而有力的動作令人感覺較沉重，重心也較貼近地面；輕而弱的動作傾向於往上，有一種懸浮、輕快的感覺；圓滑、平順的力量則感覺流暢、尖銳；突發的力量則有衝擊感。

(五)流暢的要素（ element of flow ）

是指某一個動作變換到另一種動作時，動作順序間之順暢性。李宗芹（1994）指出，任何動作呈現時，在流暢上均會具備兩種性質，一為自由不羈（ free flow ），另一為約束牽制（boundflow），在自由流暢中個體經驗到一種沒有限制之感覺；反之，束縛的流暢是受到限制的，個體會經驗到一種勉強、控制的感覺。此兩種流暢的特性以不同的比值存在於人類的每一個動作中。

在舞蹈裏，節奏的結構有下列四點（Sherrill, 1986）：

(一)拍子（pulse beats ）

教師可以利用走路和跑步的聲音、時鐘、手錶的嘀答聲或節拍器，拍手、手指之輕打，或腳踏聲等等，教導學生認識拍子。拍子有快、慢和適中的拍子，以及固定和變化的速率。

(二)重音（accent）

如高而強的聲音或強而力的動作。

(三)韻律的型式（rhythmic pattern）

1. 規則的韻律型式（even rhythmic pattern）

如走、跑、跳、躍、踏躍（step-hop）、慢步、華爾茲舞步等。

2. 不規則的韻律型式（uneven rhythmic pattern）

如快跑、滑、跳躍、兩步舞等。

對於因中樞神經系統受損，致使影響節拍之認知之學生，必須將學習內容予以分解成若干部分，並妥善安排，保證學生學習有效之教學之進度。適性舞蹈教學單元應包括如下（Sherrill, 1986）：

(一)創造性動作沒有音樂的伴奏，而能將一個人的想法、感覺或情緒表達出來。

(二)創造性動作，最好增加聲音的效果。

(三)將創造性活動點綴在創造性動作中，例如敲鼓、敲鐃鈸（clash cymbal），或其他節拍器。基本上，樂器是舞蹈創作歷程之一部分。

(四)創造性動作必須利用各種有趣的聲音，老師或其他同學陪伴。

(五)師生共同討論那種節拍的型式，最能適合或支持不同動作的主題或理念。透過問題解決之方式，鼓勵學生說出喜歡節拍的型式，鼓勵學生嘗試，並評鑑是否良好且有效。

(六)向學生說明舞蹈是可以重複多次的之概念，舞蹈有各種不同的形式，但是，動作和節奏必須要記得，如此，方可重新表演。

第四節　阿美族民俗舞蹈

就藝術的本質而言，由於舞蹈是以人來表達意識的素材，因此，人體就是舞蹈唯一的工具，也就是用人體的動作姿態來表現具體的意念。舞蹈不但表達情感，更因具有節奏和韻律，藉以鍛練身體，而且，可以修養心靈、陶冶性情。由此可知，舞蹈除具有意念、心靈和性情等自我心理的陶冶外，亦具有生命維護和群體性及社會性等人格適應之培養。

　　其次，就娛樂而言，舞蹈可以帶來歡樂、身心的輕鬆與友誼；同時，舞蹈亦可使參加舞蹈者感到愉快，並能結交新朋友的好方法。因此，教師可以利用舞蹈，促進學生身心健康，發展友誼，甚至建立良好的社會關係和生活適應（教育部，1994；Hollis, 1878；Jan, 1989；Sherrill, 1986；Schulz & Carpenter, 1991）。

　　Lorenzo（1981）指出，民俗舞蹈不僅是代表著一個民族的歷史、心理和文化，是文化的表現，以及保存文化較真實的一種形式；而且，我們可以藉由舞蹈培養積極的自我概念和建立健全的自我。在促進和培養學生健全、積極的自我概念之歷程，學生的文化是重要的因素。文化本身可決定我們學習的型式和生活的方式（Rose & Ronal,1984）。文化的力量不僅會影響個體的需求，而且，會影響一個人的自我概念（Pervin, 1993）。尤其，民俗舞蹈不僅可以改進智能障礙學生的體適能（physicalfitness），而且，可以改進學生之自我概念（Bonnie,1982）；同時，健立智能障礙者良好之自我認同（identifying），有很大的助益（Cindy, 1984）。

一、民俗舞蹈之意涵

　　是指各族人民在生活中不斷創造並廣泛流傳的舞蹈形式，通常和人民生活有密切的關係，直接反映人民生活、思想、感情和審美理想，並且，與歌唱緊密結合，形成載歌載舞的表現形式（王世德，1987），如阿美族民間傳統舞蹈，如歡樂舞、迎親舞、美好的日子等舞蹈。

　　溯自人類的原始社會起，即有舞蹈的存在。不論在任何一個地區，或任何種族裡，無不借助於舞蹈來表達人類心靈深處的喜、怒、哀、樂、愛、欲、畏等本能的情感。這種舞蹈與生活緊密的關連性，在阿美族的部落社會裡，仍屬顯著。例如，阿美族常以舞蹈祈求豐年，亦以舞蹈慶祝豐收；以舞蹈祈求降福，也以舞蹈感謝神明；以舞蹈演練狩獵，也以舞蹈鼓舞士氣；同時，更藉舞蹈來傳達彼此心意。不論是精神的寄託、意念的傳達和生命的維護，在在都藉著舞蹈的方式來完成。更由於藉著舞蹈的聯繫，而確立了阿美族之群體性和社會性。

　　基本上，阿美族仍然保留豐富的傳統文化，尤其，阿美族的民俗舞蹈，獨具特色，為阿美族中最重要的文化資產。阿美族不僅是個天生愛好歌唱的民族，亦是喜好舞蹈的民族。舞蹈不僅是阿美族的傳統文化，而且，也是阿美族生活的一部分，換言之，對阿美族而言，舞蹈與生活是分不開的。在日常生活中，在阿美族村落，可隨時、隨地看到原始、自然而悠美的舞蹈。尤其，阿美族之各項節令喜慶、祭典，皆在舞蹈中進行。因此，歌舞對於阿美族人之生活為不可或缺之一環。

　　阿美族的舞蹈，不僅節奏分明，而且，動作、舞姿、，以及舞步和運動或移動的方向，簡單易明，人人可學。惟阿美族的舞蹈，適合於群體合舞，較不適於獨，因此，在進行舞蹈時，常以數十人或數百人，甚至千人以上合舞，大家手牽手，列陣作圓圈狀而舞，或列長陣，時俯首，時仰頭，時前進，時後退，時旋轉，加以服飾鮮豔艷，且在手腕與腳踝均繫銅鈴，一舉手一投足，鏘鏘作響，配合舞步與歌聲，自成節奏，其舞姿即美妙又壯觀，為阿美族文化的最大特色。

　　根據Lorenzo（1979）的觀點，自人類誕生以來，舞蹈就已存在。換言之，自古人類就有舞蹈。凡古時期的人，均會舞蹈。雖然，舞蹈最初是宗教的目的，但是，它變成日常生活重要的表達方式。換言之，舞蹈為全世界各民族之共同文化，人類在史前無語言無文字的時代，即已盛行於先民族生活之中，用身體之振動，與姿式的變化，藉以表達內心的各種情感，在先民社會中，如祭祀、漁、獵、豐年、男女之情愛，部落民族間之生存競爭等，莫不以舞蹈行之，演示著各民族的生活背景，與社會的演進過程幾乎占有人類之全部生活（李天民，1975）。

　　余國芳（1978）指出，原始時代的舞蹈，就是人類生活的一部分，舉凡快樂、悲哀、驚恐等，都自然的用身體振動而流露，當人類的語言未建立之前，皆賴人體做勢，以舞蹈之方式表達。而阿美族自古雖有語言，惟至今尚無文字之建立，因此，日常生活中人情世故，大多以舞蹈來表達。

二、阿美族民俗舞蹈的種類

就阿美族而言，舞蹈（sakro/salakiaw）的原意是指人在唱歌時身體的動作姿態。換言之，在阿美族的觀念中，舞蹈和歌唱（ladiw）是分不開的，即有歌必有舞，舞中帶唱，邊唱邊舞，邊舞邊唱。換言之，每首歌均附其舞蹈（黃貴潮，1981）。阿美族人天性喜愛歌舞，平日在田野工作時，常以歌舞舒解辛勞，各種聚會節慶中，歌舞是少不了的節目。舉凡祭祀、漁獵、農耕、豐收、集會、祈神，均有舞蹈。因此，歌舞是阿美族人生活中不可或缺的一環。阿美族舞蹈雖然步伐簡單，但節奏輕重緩急有予，而且，多牽手圍成圓圈合舞，充分展現團結和諧同歡的氣氛。其次，阿美族的每一種舞蹈動作或舞姿，除含有特殊的、不同的意義存在，致使富具特色之外，更具有深遠的意義。就阿美的舞蹈，可分下列種類（黃貴潮，1981）：

(一)祭典式舞蹈（sakalisin sakro/salakiaw ）

1. 巫師行祭舞蹈（maagag cikawasay sakro）

如受戒禮（pakawas ）：受命擔任巫師的儀式；治病及慰靈禮（pakacaw）：為病人治病及年中不定期的家庭慰靈儀式；落成禮（pakawih）：為新居落成施行除邪祈福的儀式等。當巫師行祭時，除配合純宗教性的歌曲之外，還混合一些簡單且戲劇性的動作。

2. 乞雨儀式舞蹈（paka'orad sakro/salakiaw ）

主要是遭到旱災，危害農作物收成時，乞求上蒼，雨水霑霈。乞雨儀式舞蹈並沒有專門的舞蹈形式動作或舞姿，任由每個參與者配合節拍擺動身體。

3. 豐年祭舞蹈（ilisin sakro/salakiaw ）

豐年祭舞蹈是最為人知的阿美族舞蹈，甚至，其他各族每年不可缺乏之大型舞蹈。在日據時代，豐年祭稱之為「月見祭」，台灣光復後，改為目前大家所熟悉的豐年祭（李景崇，1994）。昔日，阿美族為了慶祝農作物的豐收，每當農作物收割完成後，約在每年的八、九月間，全村或各部落聯合舉行豐年慶歡活動，活動的主要內容，即聯合舞蹈。換言之，所有

的居民，一律全部參加，尤其是男生，不可無故缺席，否則，遭受重罰。豐年祭舞蹈，類型繁多，變化多端，但是步法和舞姿，簡單易學。因此，豐年祭舞蹈，是一種原始又大衆化的舞蹈。

就馬太鞍阿美族而言，由於各種農作物，經過農業祭儀祈求上蒼降福蒙上帝的保佑，五穀豐收。爲慶祝豐收，就舉行豐年祭。在慶祝期間，絕對禁止吃蔬菜，相對地需要食用大量的肉類和糯米糕。因此，男士們在慶祝前就開始去狩獵及捕魚，婦女們則在家忙著做糯米糕及釀酒。慶祝時，白天舉行團體集祀，晚間，則載歌載舞，跳豐年祭舞。一般而言，豐年祭舞之活動，約一天至五天，甚至，七天。各時日之豐年祭舞舞蹈活動內容，亦有不同，分述如下（田春枝，1993；黃貴潮，1981）：

(1) 馬利古大舞（malikuta a sakro）

指年祭正式舞蹈中會中，由專人「領唱」，全體參與者「應和」的舞蹈，男女均可參加跳舞，只是跳法有時因性別差異而有所有不同（田春枝，1993）。

(2) 尼比嗨舞蹈（bichuhai sakro）

指在年祭中或年祭後，由婦女單獨舉辦的舞會，目的在祈求來年豐收（田春枝，1993）。

(二)工作式舞蹈（sakatayal sakro/salakiaw）

對阿美族而言，工作是生活，生活即工作。由於終日日出而作，日落而息，辛勞不已。因此，將單調的、機械性的動作，化爲簡單之舞蹈動作，即所稱之工作式舞蹈。依研究者平日在各社區、部落之觀察與田野調查結果，工作式舞蹈有以下不同的類型。

1. 搗米式舞蹈（mitifeh sakro）

昔日的舊社會中，各家要自行搗米來吃，於是，在春夏季的夜間，鄰近幾家的少女們組成互助子組，輪流到各家的外庭作搗米的工作。此時，一面唱著搗米的歌曲，一面配合搗米的節拍作搗米式的舞蹈動作，使得搗米的少女們忘了工作中的疲勞（黃貴潮，1981）。

2. 插秧、除草、收割式舞蹈（paanip、mikapkapmitipush sakro）

阿美族是以務農爲主，因此，土地是阿美族的生命，同時，是希望、

財富、和威望的象徵。因此，至今，若子孫後代變賣田地，視為有虧祖先，甚至，有違神明意旨。不論是插秧、除草、收割，均須彎著腰，用雙手觸地，由右至左，由左至右，持續地往前移動，而且，定時地，時而仰，時而俯。因此，在從事插秧、除草、收割時，大家一面唱此等農事之歌曲，一面配合歌曲的節奏，即形成齊一、簡單而有規律的舞蹈。

3. 砍柴式舞蹈（kaswi sakro）

昔日，上山砍柴取火是原住民日常生活中非常重要的工作。家中木柴的堆積量，象徵著住戶爐灶興旺，糧食充裕，生活富饒；同時，亦代表這一家的男丁，工作勤奮，勸苦至孝。此外，在阿美族古代社會，木柴往往是追求女方和訂情之物，男方須上山砍些柴資堅硬、耐存又易燃的木柴數十把，奉獻給女方，俟女方家長滿意為止。因此，砍柴是一件非常辛苦的事。為了排解砍柴之苦，在砍柴之際，一面唱著山歌，一面配合山歌的節拍和韻律，擺動身體，形成一種砍柴式舞蹈。

4. 捕魚式舞蹈（mifoting sakro）

捕魚是阿美族維持生計之一種方法，因此，游海下綱捕魚和到溪邊抓魚，往往是阿美族男丁必備之生計技能。由於捕魚是一件辛苦、費體力的工作，尤其是下海捕魚，更是一種冒生命危險的工作，同時，通常需要花一天的時間去捕魚。因此，捕魚是日常生活中辛苦、費力又冒險的工作。為了排遣筋骨之酸疼和舒解心中之恐懼，一面哼著或唱著捕魚歌，一面配合歌曲的節拍，將捕魚的動作，節奏化、律動化，致捕魚的一舉一動，形成自然而協調的舞蹈動作。

5. 狩獵式舞蹈（miathoupia sakro）

古時，阿美族在忙於農事之餘，至崇山峻嶺之間，獵取鳥獸。由於需長途跋涉，穿越重山萬水，需數天才能到達目的地，因此，在出發之前，口中一面唸唸有詞，右手食指一面手沾點米酒，向上方灑，反復數次，祈求在漫長的路途中，平安無阻，同時，願有所獲。在滿載而歸之當日，為了感謝神明，即邀請部落居民共享獵獲，同時，載歌載舞，同歡共樂。

余國芳（1978）指出，原始人類認為鳥獸中也有神靈，害怕觸怒獸類之神靈，降臨災禍。逐取鳥獸之羽毛及毛皮，披裹身上，模放鳥獸之形態

動作，以舞蹈祈神，而產生了原始時代的圖騰崇拜舞蹈。就阿美族而言，每當獵取鳥獸時，獵夫必先用米酒敬謝獸王之神靈，之後，將獸頭、毛皮、鳥之羽毛，高掛在大廳之門處，供獵夫狩獵前和獵取鳥獸後，祈求和膜拜之用。獵夫在祈求和膜拜之際，即以簡單的舞蹈，敬祈鳥獸之神。

(三)康樂型舞蹈（malipahah sakro）

1. 迎賓舞（palafangsakro）

阿美族是個樂觀、天眞、熱情和豪爽的民族，重視此時此刻之經驗，強調把握現在，不瞻前顧後，不問未來。因此，每當有朋自遠方來時，樂乎無比。於是，除熱情慷慨地爲親朋好友準備豐盛的佳餚，如雞、鴨、魚、肉、藤心、山產、淹肉、糯米、各種酒類等外，還特別爲貴賓好友唱歌、跳舞，載歌載舞，賓主同歡。

2. 婚晏舞（mikikong sakro）

阿美族爲母系社會，男子授室須入贅女家，配偶由男女自主，父母僅予形成承諾，異族及有夙仇之同族絕不通婚。結婚之日，女家設宴邀請部落領袖長老親族，新郎由媒妁家人伴送女家，入席後，巫師祈神降福，部落頭目主婚致訓詞，新娘以檳榔、糯米分贈親族及來賓，新郎亦以檳榔、糯米分贈，新郎新娘互敬酒，宴間載歌載舞（林鳳朝，1985；吳福蓮，1986；陳仲湘，1983；陳文達，1984；張慧端，1987；黃貴潮，1981）。

3. 房屋落成（pakawih sakro）

昔日，當部落的某一家築屋時，全部落的住戶須派一、二人前往協助建屋，互助合作，通力建成。於新居落成之吉日，則晏請所有的居民。晏客中，則安排婦女少女們載歌載舞，同慶同歡，且通霄達旦。有時，歌舞的活動持續兩、三天。目前，由於社會的變遷，雖然，動員全村共同建造房屋之美德，已不復見，但是，每當村落裏有新居落成時，載歌載舞，共同歡樂之場景，不因歲月之蛻變而流失。

4. 從軍和退伍（malahitay sakro）

在阿美族的社會裡，從軍入伍一直是男子最光榮和神聖的一件事。同樣的，退伍，視如英雄榮歸般之對待。因此，每當某家之男丁被徵調服役或退役時，必邀請地方居民，舉行大型的歡送和退役晏會，請晏中，大家

載歌載舞，祝福和恭賀當事人。

5. 晉升、中榜（majakat sakro）

當任職於任何公私立機關的阿美族人，榮升晉階，或者，參加某種考試，金榜提名時，凡晉升、中榜者必宴請部落居民，同慶歡樂，載歌載舞，通霄達旦。有時，載歌載舞的場面，持續兩、三天，樂之不疲。

6. 餘興同樂（malawla sakro）

阿美族是喜歡歌舞的民族，不論在日常生活中，或者在工作之餘，即可配合歌曲的節奏，一起跳舞。尤在各種節慶之時，大家載歌載舞，洋溢在一片歡樂的氣氛中。當部落男士集體出外狩獵歸來之前，婦女在一起等時；年祭時，男士去捕魚，婦女在家中或在途中等待時；女婦女一起除草、摘野菜之際，休息片刻時，自娛式歡樂時等之舞蹈（田春枝，1993）。

日人學者佐藤文一（1988）指出，阿美族男女老幼，個個如孔雀飛舞，能歌善舞，只要在勞動時之短暫休息，或在酒宴中，隨時載歌載舞；特別在祝祭時，如豐年祭，所有部落之居民，停止一切工作，終日跳舞。因此，舞蹈是阿美族人在日常生活中不可或缺的生活內容。

由以可知，阿美族的舞蹈與歌是密不可分，一體兩面的。就傳統上，阿美族的舞蹈是與祭祀相結合，藉著祭儀的舞蹈動作與神靈交通，祈求神靈保佑生活的平安，去除災害，避邪納福。由於阿美族平日以務農為主，捕魚為輔，兩者均為辛苦賣力之工作。為了舒解筋骨，排解疲勞，一面唱著工作歌或捕魚歌，一面配合歌曲的節奏，擺動身體，手足舞蹈，使原本單調、機械性的工作動作，變成具有節奏和韻律的舞蹈。因此，基本上，阿美族的舞蹈型式，富有工作的動作。換言之，工作與舞蹈是一體的。再者，由於阿美族人具有好客、慷慨、分享和非計較之性情，因此，每逢家有喜事時，均邀請部落居民，共享歡樂，載歌載舞。因此，阿美族的舞蹈是日常生活的一部分，而且，不分時空。

三、阿美族舞蹈之要素

　　阿美族是喜歡舞蹈的民族，每逢任何類型之聚會、活動，甚至在工作，或在休息時，隨時地載歌載舞，輪番上陣，樂此不疲。雖然，阿美族舞蹈的類型繁多，不一而足，但是，有以下基本的要素（田春枝，1993；余國芳，1978；吳明義，1993）：

(一)歌謠

　　每一首歌謠就是一種舞蹈，歌謠的名稱就是舞蹈的名稱，有些因歌謠的不同而有不同的舞蹈的型類。然而，基本上，阿美族的舞蹈動作舞姿，通常有固定式的，如祭典式舞蹈之巫師行祭舞蹈、乞雨儀式舞蹈、豐年祭舞蹈；工作式舞蹈之搗米式舞蹈、插秧、除草、收割式舞蹈、砍柴式舞蹈、捕魚式舞蹈、狩獵式舞蹈等。非固定式之舞蹈動作或舞姿，如康樂型舞蹈，以及自創型舞蹈動作，如餘興同歡之舞蹈，根據歌詞、旋律，以及歌謠之所代表的精神和意境，自創舞蹈的動作或舞姿。

　　因此，基本上，阿美的舞蹈是歌謠相結合，兩者合為一體，由於歌舞是阿美族最原始的文化，而且，歌舞是阿美族最快樂的事，若兩者予以分開，舞蹈本身則無意義可言，甚至，舞蹈即無法產生（吳明義，1993）。

(二)排列變化

　　阿美族舞蹈的排列變化大多是圓圈、行列，少有變化；有時，因地域、部落之不同，或歌謠之不同，而產生不同的排列，如十字形、X形、U形、S形等隊形。

(三)動作或舞姿

　　阿美族舞蹈動作或舞姿，大多簡單，較少花樣，但因部落和語言之不同而稍有不同之現象。動作或舞姿，視歌謠、舞蹈的類型而有所變化。例如，傳統式之豐年祭舞蹈，其動作或舞姿大多在足部，並有一定的移動方向，如向前、向後、向左和向右等動作；現代化之康樂型舞蹈，則著重上身或雙手的動作或舞姿，變化較大。

(四)舞步

　　基本上，阿美族的舞步不外是走、跑、跳、躍、滑和移等，就如余國

芳（1978）所指，阿美族的舞步與原始舞蹈動作相似，其步法如下：

1. 走：向前後左右方向行進或後退。
2. 跑：向前後左右方向跑或退。
3. 跳：向前後左右跳躍。
4. 躍：向前後左右躍。
5. 滑：向各種不同的方向滑動。
6. 移：向各種不同之方向移動身體。

四、阿美族之舞蹈動作

雖然阿美族民俗舞蹈之種類較多，但是，舞蹈的動作和舞姿，均有其共同之處，而且，簡明易學；同時，只要習得基本的舞蹈動作，即能觸類旁通、舉一反三，常使學習者頗有成就感和信心。依據田春枝（1993）、洪清一（1997）所採錄之動作、舞姿和舞步，分述如下：

(一)舞蹈動作

1. 左右側、前後擺

雙手在同側，自左（右）後（前）側方，向前（後）擺動。

2. 雙斜擺

上身側俯或側傾，雙手在同一側，作側前擺，雙手擺手向另一側，再作側後擺。

3. 交叉擺

上身前俯或前傾，雙手自兩側前擺到身前交叉，再分開向後擺。

4. 側分擺

身體前傾，雙手下垂並各自擺向側後方，再由兩後側方擺向前方。

5. 大弧擺

雙手直舉或抬舉，手掌與手臂柔軟地做大圓弧狀擺動。

6. 流雲擺

兩手同一方向側平舉，手掌向下平伸上下做招手狀擺動。

7. 平甩手

兩手同一方向側平舉，手掌向下垂並甩直。

8. 秀手

右手抬舉置頭前方，手指向上作抓取狀；左手舉於右手下方並作抓取狀，兩手同時作轉動手掌動作。

9. 浪擺

手臂平伸並向前或向身體側方，手掌平伸向下，手掌以手腕為軸，作波浪狀似之上下擺動。

10.上下繞擺

雙手以兩拍速度同時環繞於胸前，一手上斜，與頭同高；另手下斜，與腰同高。雙手上下位置變換，再作同樣的動作。

11.蝴蝶擺

雙手自然伸直張開於腰側，掌心向下，下臂與手掌隨節拍，作蝴蝶狀似之上下招搖擺動。

12.倚身仰首

挺身並把左腳前抬，身體後仰，頭自然上仰，雙手成W形，在雙肩上張開，手掌向前。

(二)舞姿

1. 彎臂舞姿

(1) 下臂平彎，不相牽手。

(2) 每拍做一向下平彎後擺動作。

(3) 排成圓圈、弧形，面向圓心；或排成行列式。

2. 牽手舞姿

(1) 雙手下垂或平舉並與鄰伴牽手。

(2) 排首與排尾之空手則反插腰。

(3) 排成圓圈或弧形，面向圓心。

3. 並臂舞姿

(1) 下臂平彎

(2) 與鄰伴相握

(3) 排成圓圈或弧形，面向圓心。

4. 搭肩舞姿

(1) 單手或雙手搭前肩。

(2) 排成直行或圓圈。

5. 聯樂舞姿

(1) 右手掌心向上，左手掌心向下，右手牽握間隔舞伴之左手；前進方向一方，手在下。

(2) 若排成圓圈，排面首尾之空手則牽握鄰伴之空手。

6. W形舞姿

(1) 雙手彎舉與鄰伴相握。

(2) 排成圓圈或弧形，面向圓心。

7. V形舞姿

(1) 雙手直舉與鄰伴相握。

(2) 排成圓圈或弧形，面向圓心。

由以上可知，阿美族舞姿在手部和身體相關動作，包括：臂前擺、臂側擺、臂直舉、兩臂下垂、兩臂平舉、彎腰、交叉牽手、牽雙手、身體向前傾等。

(三)舞步

1. 蹲跳步

(1) 一拍一蹲跳，可持續四拍或八拍的連續蹲跳步動作。

(2) 有前進、後退、轉向、原地、左向和右向等蹲跳動作。

(3) 使用舞蹈類型：豐年祭、歡樂舞、馬利古大和祭儀等舞蹈。

2. 踩踏步

(1) 第一拍：前腳踏一步（或移踏）；

(2) 第二拍：後腳踏地；

(3) 使用舞蹈類型：豐年祭、歡樂舞、馬利古大和祭儀等舞蹈。

3. 彎腰側踏步

(1) 第一拍：可起左足或右足；前足向左、右、前、後側踏步。

(2) 第二拍：後足踏於前足後方，同時彎腰。

(3) 使用舞蹈類型：豐年祭、歡樂舞、馬利古大和祭儀等舞蹈。

4. 跳踏步

(1) 第一拍：左足向外側、向前、向後跳一步。

(2) 第二拍：右足用力重踏於左足後。

(3) 使用舞蹈類型：豐年祭、歡樂舞和馬利古等舞蹈。

5. 踵併步

(1) 第一拍：右足側踏；

(2) 第二拍：左足踵併於右足旁；

(3) 第三拍：左足側踏；

(4) 第四拍：右足踵併於左足旁。

(5) 使用舞蹈類型：豐年祭、歡樂舞。

6. 彎腰側擺步

(1) 作踵併步

(2) 雙手作側前擺、側分擺、交叉擺和側後擺。

(3) 使用舞蹈類型：歡樂舞、康樂型舞蹈。

7. 踏併步

(1) 第一拍：前足踏一步（或移踏）；

(2) 第二拍：後足併踏於前足側；

(3) 使用舞蹈類型：豐年祭、歡樂舞。

8. 輪換踏併步

(1) 第一拍：左足向左跨踏一步；

(2) 第二拍：右足踏併於左足側；

(3) 第三拍：右足向右跨踏一步；

(4) 第四拍：左足踏併於右足側。

(5) 使用舞蹈類型：豐年祭、歡樂舞、尼比嗨等舞蹈。

9. **踏盪步**

(1) 第一拍：左足向左側踏地；

(2) 第二拍：抬起右足向左前方並以前足墊地；

(3) 第三拍：將抬起的右往後踏地；

(4) 第四拍：左足踏併於右足旁。

(5) 使用舞蹈類型：豐年祭、歡樂舞。

10.**踏踢步**

(1) 第一拍：左足側踏；

(2) 第二拍：右足向前踢；

(3) 第三拍：將向前踢之右足往後踏地；

(4) 第四拍：將左足踏併於右足旁。

(5) 使用舞蹈類型：豐年祭、歡樂舞。

11.**踏抬後踏併步**

(1) 第一拍：左足側踏；

(2) 第二拍：前抬右足；

(3) 第三拍：右足後踏並彎腰；

(4) 第四拍：左足收回併於右足側。

(5) 使用舞蹈類型：豐年祭、歡樂舞、馬利古大。

12.**側進步**

(1) 第一拍：右足交叉於左足前並左足離地；

(2) 第二拍：左足著地，右足離地；

(3) 第三拍：右足移至左足後；

(4) 第四拍：左足向前踢一上。

(5) 使用舞蹈類型：歡樂舞、康樂型舞蹈。

13.**搖擺步**

(1) 第一拍：左足向前著地並彎腰，重心前移；

(2) 第二拍：右足在左足側跺一下；

(3) 第三拍：右足重踏於右後方；

(4) 第四拍：左足上抬並挺直身體，重心往後。

(5) 使用舞蹈類型：馬利古大、歡樂舞、康樂型舞蹈。

　　由以上可知，阿美族舞蹈的基本步法，包括：步法：蹲步、踏步、跳步、躍步、跑跳步等；腳部的動作，包括踵點、舉腿、踢舉、足前點、足後點等；隊形，包括單圓、雙行、雙圓、雙排、雙行；動作方向的變化，包括左、右、側、前、後、向內圈、順時針、反時針等。

第五節　阿美族民俗舞蹈的特性與功能

　　阿美族民俗舞蹈，歷史悠久，傳統深厚，豐富多采，與人民生活有極密切的關係。由於研究者本身係為阿美族人，且自幼即生長於阿美族社會裡；同時，每年均參與部落之豐年祭及社區之歌舞聯歡表演活動，因此，對阿美族民俗舞蹈較有接觸與體驗。阿美族民俗舞蹈具有生活化、群體性、階級制、模擬性和簡單易學等特性與功能，茲分述如下（洪清一，1997）：

一、生活化

　　阿美族的民俗族舞蹈，就是生活舞蹈，為人類生活本能動作之蛻變。例如，祭典式舞蹈和工作式舞蹈，均與生活和實用為目的。舉凡在日常生活中和工作中，阿美族民俗舞蹈總是隨之而生，處處可見。因此，基本上，它是一種民俗舞蹈，亦是生活的方式。不但反映生括、表現生活，而且是更直接地作用於生活。

二、群體性

　　阿美族的民俗族舞蹈均以集體表演，並不適合一人舞蹈。參加人數有數十至數百，甚至千人。參加者彼此手牽手，動作齊一，載歌載舞，形成眾心合一，和睦相融之畫面。而且，阿美族每當舉辦民俗舞蹈時，小之，

由自家親戚好、鄰里,群集在一起,載歌載舞;大之,結合各部落居民,以及鄉鎮村居民,共同參與,相互結識,齊同歡樂相互聯誼,這對個體的社會技能、社會標準、相屬的意識,以及道德倫理自我和社會自我等之自我概念和人格適應,具有潛移默化之功能與深遠之影響。

李宗芹(1996)指出,一群人一起動比一個人動更能使人感到更大的力量。成員一起跳舞時,可以在團體中獲得較大的安全感,而且往往有些驚奇力量產生,這種力量是由團體互動所聚成的。因為人們的身體行動所產生的團體力量與安全感,是經由內在的能量發展出來的。團體的節奏性可以協助個體覺察自己身體的活力與變化度,並學習分享動態的感覺,看到不同的人情感與身體模式。尤其團體提供了安全感、接納和支持,並有各種互動機會,從中可發現參與者彼此間的社會情感。

三、階級制

阿美族的民俗族舞蹈,如豐年祭,通常舉行七天,第一天至第三天,一律是男子的舞蹈活動,而每一個年齡層的舞蹈各不相同,個人必須遵守該其年齡層之一切規定,否則受罰與制裁;第四天為招待貴賓,每一家必須派一位參加;第五天至第六天,純為女士們的歌舞活動,第七天為男女同歡,大家同樂,載歌載舞。換言之,阿美族民俗舞蹈,不僅是一種祭祀祖先、祈祝豐收之意義,而且,是一種透過傳統階級之力量,來教化原住民子弟律己自重、刻苦勤奮、尊老敬賢、友愛善群,以及遵守規約,守分守己。因此,以寓教於樂和潛移默化之方式,建立和培養個體之自我概念和人格適應,實為自古至今之最佳之教育方式。

四、模擬性

王克芬(1991)指出,模擬動物形象,創造了更為豐富的舞蹈語彙。基本上,阿美族的民俗族舞蹈動作,除模擬飛禽走獸的動作外,亦都描繪原住民平日工作時的動作所發展出來。因此,阿美族民俗舞蹈,不只是人

的生活動作的節奏化、美化，而且，更能生動、更優美地表現人物的思想和感情。因此，阿美族民俗舞蹈之每一個舞蹈的動作、舞步和舞姿，均具深層的意義。換言之，阿美族民俗舞蹈，是象徵著並反映著原住民自我情感之表達和維繫生命之深層價值存在。因此，學習阿美族的民俗族舞蹈，可促進個體自我概念和人格適應之建立和提昇。

　　阿美族的民俗族舞蹈，不論是舞蹈動作、舞步、舞姿，或是舞蹈的隊形，均簡單、不複雜，因此，自然易解易學。因此，阿美族的民俗族舞蹈，具有人人可學之特性。此對學習者而言，莫非是建立自信和成就感最佳時機。這對素有學習無助感和外導性之學習風格，甚至預期失敗、缺乏信心，以及退縮焦慮之學生而言，提供簡單易學之教材，使有助於其自我概念和人格適應之建立。

第六節　民俗舞蹈對自我概念與人格適應之影響

一、民俗舞蹈對自我概念之影響

　　Levy（1992）指出，舞蹈大多用於特殊兒童之身體形象（body image）、協調和動作技能（coordination andmotor skills）、社會化（socialization）和溝通之加強，以及透過精熟之技能和自我表達，發展特殊兒童的自信心和自覺能力，而此等能力會增進特殊兒童的之智能和成長。

　　民俗舞蹈是通過有節奏的、經過提煉和組織的人體動作和造型，來表達一定的思想感情的藝術。它是從人民生活中產生的，生根於人民生活中。人們在舞蹈活動中去唱述歷史、教育後代，歌頌家鄉，因此，舞蹈成為人民生中不可少的組成份子（王克芬，1985）。

　　Lorenzo（1979）指出，民俗舞蹈本身是一種文化，因為它是表現歷史結果的一種形式。民俗舞蹈不僅具有保存文化的功能，而且，它可以激發和影響個人的自我概念（Chang, 1975；Pang, 1981；Oanh & Micael, 1977），以及促進個人對自我的認知（麥秀英，1985）。

　　Lanny和Kerri（1981）指出，民俗舞蹈是最古老的一種舞蹈，它能表現出人類的經驗、禮儀和習俗。民俗舞蹈不僅是訓練動作技能的最好的方式，而且，是發展社會技能和培養自信的最佳途徑。同時，由於參與民俗舞蹈的表演，使學生了解歷史，也由於民俗舞蹈具有民族認同和文化上的價值，以及促進個體對自己文化的認識與鑑賞，因此，學生能獲得良好的自我概念（麥秀英，1985；Lorenzo, 1981 ）。

　　基本上，舞蹈可協助學生打破超我的拘束，釋放無意識的衝動和欲望，讓無意識的衝動和欲望透過非語文或非語文的表現回到意識中。教師亦可設法使學生在他所從事的舞蹈活動中獲得成功和滿足，以加強他的自我概念。這種輕鬆的舞蹈活動能使學生在一種比口說較少恐懼的形式下，盡情的自我表現及宣洩鬱積的情感（賴青標，1982）。

二、民俗舞蹈對人格適應之影響

　　民俗舞蹈不僅是一個民族文化、傳統文化，而且，它可顯示一個民族的價值、喜好和理想（Winnick, 1990）。民俗舞蹈具有社會表達（social exprssion）與社會肯定（socialaffirmation）的功能（Kraus, 1969）。

　　Sherrill（1986）指出，舞蹈活動除可以協助學生培養自信心，改進心理上的困擾，促使個體更健康外，而且，可使之與其他的同學，建立良好的人際關係。

　　Lasseter, Privette, Brown, & Duer （1989）指出，舞蹈是兒童遊戲最普遍的表達方式式，而舞蹈可提供充分發展和矯治之機會。尤其，人際關係不佳或異常之兒童，往往利用舞蹈蹈來改進之。舞蹈除對健康與休閒提供了良好的活動方式、拓展個別生活領域，滿足精神與心靈需求外，舞蹈可促進個體之社會認知和社會團體的成長（麥秀英，1985）。同時，舞蹈可協助學生適應團體活動，接受領導，遵守團體紀律和規範，並增進舞伴間之人際關係（田景遙，1974）。

　　Fraser（1990）指出，舞蹈不僅可以增進個體之認知、情緒和社會發展。基本上，就發展性而言，舞蹈可以促進個體在動作和行為上更具功

能；以心理動力（psycho-dynamic ）而言，舞蹈亦可促進個體之情緒的溝通和社會互動之能力。

　　Skye, Christensen, & England（1989）舞蹈是減低壓力的有效之模式。Espenak（1975）指出，舞蹈不僅有助於去除社會之藩籬，而且，亦可協助者克服其人際互動間之恐懼，進而促進學生人格之成長。Costonis（1974）和Siegel（1972）有助個案減少情緒困擾的現象。Beth（1989）以舞蹈來治療一位注意力異常、好動、張目四望、時而沮喪，時而干擾他人之八歲智能障礙學童，結果發現：個案雖然無法運用注視的方式來學習單字，但是，個案能用身體的動作來學習。同時，由於個案對課業有所了解，因此，上課時較能專心，沮喪之情亦隨之消失，並將心中的焦慮傾訴於舞蹈治療師。

　　根據Veronia（1994）指出，舞蹈可以增進學生的自我控制能力，提昇學生之自尊心和自我表達之能力；可改善學生的人際關係；學生較能夠專心學習；舞蹈會影響學生之學業表現。

　　舞蹈是一種隨著音樂節奏移動身體的動作，人類似乎有天賦的能力使個體隨著韻律性動作將情感表達出來。例如，大多數的孩童興奮時，都會跳上跳下，當他們感到滿足或無憂時，則喜歡輕輕搖擺。在舞蹈中，人們便將這些身體的表達動作加入各種韻律或視覺方面的方式中（張之傑，1986）。舞蹈是一種人類心靈共同的語言，是一種表達人類情緒、最原始、最徹底、最有效的藝術。它與音樂藉助音符和聲音，透過人體本能的動作，發自人類心靈深處的感觸，以優美、有節奏的姿態，來表達個人內心最自然和蘊含眞、善、美的感情、思想與意志。除此之外，舞蹈更能陶冶性情，供應社交生活，培養處世態度（李宗芹，1996；焦嘉誥，1983）。

　　簡言之，舞蹈是一個最直接的接觸實體，個體對自我的省察與自我了解，可以透過身體行動而發展；而且個體和外在環境的互動，也是透過身體而感知。當身體與心理一起工作時，於此相互關係間創造了健康、平衡，在動、靜交替運作的身體過程中傾聽生命的內在聲音，並形諸於外在表達。

第七節 原住民舞蹈智能之表現

　　緣於原住民善於樂舞的民族，因此，舉凡各縣政府每逢舉辦大型活動時，均邀請不同教育階段之原住民地區學校組隊參加舞蹈展演。就以花蓮為例，每至八月時分，即舉辦全縣原住民族豐年節，邀請表現優異的學校團體參與舞蹈表演，蔚為風氣。如於2020年8月21日至23日辦理之花蓮縣原住民族 合豐年節，參加舞蹈表演的學校或團體及舞碼如下（花蓮縣政府，2020）：

✿表6-1　表演團及舞碼

表演日期	表演團	舞碼
8月21日	1. 阿勒飛斯文化藝術團	成果展演
	2. 海星高中、上藤工商	開幕舞：思源、豐羽、舞邦查
	3. 四維高中	古拉米代
	4. 台東高商	脈
	5. 太巴塱天藝文化藝術團	回家的響宴～在美好的日子
	6. 原住民甜心、勇士	相博
	7. 海星中學	溯歌．sakizaya
	8. 七腳川舞蹈團	羽冠重生
	9. 千人共舞	Malikuda～豐年舞
8月22日	1. 牽源	旮亙樂團、阿勒飛斯
	2. 祭.聲（鄒族）	山美舞團
	3. 原創及歷年大會歌	鹹豬肉樂團、柯振課
	4. 主題舞：大阿美族部落歡樂慶豐	化仁國中、吉安國中、花蓮高商、alulu原舞集

表演日期	表演團	舞碼
8月23日	1. plasan印記	水源國小舞蹈隊
	2. 由海情	東岸文化結合藝術協會
	3. 祖靈之眼	根biyax舞蹈團
	4. 舞陶甕、勇士之躍、印象、慶豐年	花蓮商工、奇萊山藝術團
	5. malapun. kebalan	新社國小
	6. 閉幕舞	水源國小、景美國小、三棧國小、花蓮高工、奇萊山藝術團

資料來源：修改自花蓮縣政府（2020）。**2020花蓮縣原住民族聯合豐年祭大會手冊**（頁2-3）。花蓮縣：花蓮縣政府。

　　其次，自2003年起辦理「活力‧E起舞動」以來，舉凡全國各級學校參賽隊伍之原住民籍學生不得少於該隊總人數的3/4即可，因此，每屆參賽隊伍良多，蔚為全國各級學校每年之重要盛事，尤原住民族學童比率較高之學校，莫不成為學校重要事項。由得獎的學校可知，大多為原住民族地區之學校。以2019「活力‧E起舞動」第十七屆全國原住民族青少年及兒童歌舞劇競賽為例，得獎的學校名單如下：

🌸 表6-2　國小組歌舞劇競賽

獎獎	得獎單位
冠軍	臺東縣土坂vusam文化實驗小學
亞軍	新竹縣秀巒國民小學
季軍	花蓮縣鶴岡國民小學
殿軍	南投縣都達國民小學
優勝	南投縣廬山國民小學
佳作	宜蘭縣南山國民小學
佳作	宜蘭縣金岳國民小學
佳作	新北市成州國民小學

獎獎	得獎單位
佳作	南投縣互助國民小學
佳作	新北市沙崙國民小學
最佳劇情獎	臺東縣土坂vusam文化實驗小學
最佳勇士獎	臺東縣土坂vusam文化實驗小學杜瑜睿
最佳公主獎	新竹縣秀巒國民小學羅子寒

資源來源：中華民國原住民智識經濟發展協會（2016）。取自http://www.
twedance.org/edance01.aspx）

✿表6-3　國中組歌舞劇競賽

獎項	得獎單位
冠軍	屏東縣立枋寮高級中學（國中部）
亞軍	嘉義縣立阿里山國民中小學
季軍	南投縣立埔里國民中學
優勝	花蓮縣立富北國民中學
最佳劇情獎	嘉義縣立阿里山國民中小學
最佳勇士獎	花蓮縣立富北國民中學吳偉銘
最佳公主獎	屏東縣立枋寮高級中學（國中部）李慶豪

資源來源：中華民國原住民智識經濟發展協會（2016）。取自http://www.
twedance.org/edance01.aspx）

✿表6-4高中組歌舞劇競賽

冠軍	基隆市立八斗高級中學
亞軍	臺中市青年高級中學
季軍	上騰學校財團法人花蓮縣上騰高級工商職業學校
優勝	治平學校財團法人桃園市治平高級中等學校
佳作	屏東縣立枋寮高級中學
佳作	國立暨南國際大學附屬高級中學

冠軍	基隆市立八斗高級中學
最佳劇情獎	基隆市立八斗高級中學
最佳勇士獎	基隆市立八斗高級中學陳志龍
最佳公主獎	國立暨南國際大學附屬高級中學高建綾

資源來源：中華民國原住民智識經濟發展協會（2016）。取自http://www.twedance.org/edance01.aspx）

✿表6-5　大學（專）組歌舞劇競賽

冠軍	國立東華大學
亞軍	義守大學
季軍	大仁科技大學
優勝	慈惠醫護管理專科學校
佳作	長榮大學
佳作	弘光科技大學
佳作	國立臺灣體育運動大學
佳作	國立臺中教育大學
最佳劇情獎	國立東華大學
最佳勇士獎	國立東華大學賴聖賢
最佳公主獎	國立臺中教育大學楊晴

資源來源：中華民國原住民智識經濟發展協會（2016）。取自http://www.twedance.org/edance01.aspx）

參考書目

中華民國原住民智識經濟發展協會（2016）。**活力‧E起舞動**。取自http://www.twedance.org/edance01.aspx）

王世德（1987）。**美學辭典**。台北市：木鐸。

王克芬（1985）。**質中國舞蹈史初編**。台北市：蘭亭。

王克芬（1991）。**中國舞蹈發展**。台北市：南天。

田景遙（1974）。**美國的舞蹈**。香港：今日。

田春枝（1993）。**阿美族舞蹈之探錄與研究**。台東縣：觀光局東海岸。

余國芳（1978）。中國舞蹈的演變。**藝術學報**，23，66-119。

李天民（1975）。中國舞蹈之展望。**藝術學報**，18，40-53。

李景崇（1994）。**生命禮俗對體育運動的影響－南勢阿美族豐年祭之個案研究**（未出版之碩士論文）。國立台灣師範大學學，台北市。

李宗芹（1994）。**創造性舞蹈**。台北市：遠流。

李宗芹（1996）。**與心共舞**。台北市：遠流

吳福蓮（1986）。花蓮吉安阿美族禮俗與宗教變遷之研究。**台灣省立博物館年刊**，29，29-73。

吳萬福（1986）。**體育教材教法**。台北市。台灣學生。

吳明義（1993）。**哪魯灣之─阿美族民謠選粹一二０**。台東縣：觀光局東海岸。

林鳳朝（1985）。阿美族婚喪習俗研究。**史聯雜誌**，6，3-6。

花蓮縣政府（2020）。**2020花蓮縣原住民族聯合豐年祭大會手冊**（頁2-3）。花蓮縣：花蓮縣政府。

洪清一（1997）。**阿美族民俗舞蹈對原住民智能障礙學生之自我概念與人格適應影響之研究**（未出版之博士論文）。國立彰化師範大學，彰化縣。

陳仲湘（1983）。阿美族禮俗簡介。**史聯雜誌**，2，87-89。

陳文達（1984）。台灣省文獻委員會第二次民俗（阿美族婚喪習俗）座談會實錄之一。**台灣文獻**，35(3)，145-191。

教育部（1994）。**特殊體育運動教學指導**手冊。彰化縣：國立彰化師範大
學。

張之傑（1986）。**環華百科全書**。台北市：兒童教育。

張慧端（1987）。初論阿美族的親屬結構與組織。**思與言，25**(4)，385-
395。

麥秀英（1985）。我國傳統舞蹈的功能及其保存與發展的探討。載於周作民
等（編），**社會教育論文專輯**（403-411頁）。彰化縣：台灣省立彰化
社會教育館。

黃貴潮（1981）。阿美族歌舞簡介。**台灣風物，40**(1)，79-90。

黃宣衛（1991）。**阿美族社會文化之調查研究**。台東縣：觀光局東海岸。

焦嘉誥（1983）。**體育分科教材教法**。台北市：台灣開明。

賴清標（1982）。創造藝術療法在特殊教育上的應用。**國教輔導，21**(6)，
4-6。

佐藤文一（1988）。**台灣原住民種族的原始藝術研究**。台北市：南天。

Beth, K.W. (1989). *Creative arts therapies in an inner city school. Office of
Educational Research and Improvement* (OERI). Retrievedfrom ERIC
database. (ED 341 911)

Bonnie J, B.D. (1982). Aerobic dance and the mentally retarded: A winning
combination. *Physical Educator, 39*(1), 25-29.

Chang, T.S. (1975). The self-concept of children in ethnic groups: Black american
and korean american.*Elementary School Journal, 76*(1), 52-58.

Cindy, C. (1984). The application of a multiple measurementapproach
toinvestigate the effects of a dance program on educablementally retarded
adolescents．*Research Quarterly for Exercise andSport, 55*(3), 231-36．

Costonis, M.D. (1974). How I learned to wall-bounce and love it. Proceeding of
the Ninth Annual Coference of the American Dance *Therapy Association*,
143-155.

Espenak, L. (1975).*A means of removing interpersonal barries ofthe retarded.
Lecture, Eighth Annual International Symposium*, University of Seville,

Spain.

Fraser, D.L. (1990). A nonverbal intervention for the severelylanguage disordered young child: A intensive approach. In P. Jeree,Infant and toddler communication disorders (pp.23-26). National center for clinical infant programs, Washington, DC. Retrievedfrom ERIC database.(ED 327 038))

Hollis, F.F. (1878). *Special physical education. Adapted, corrective, developmental.* Sarnders College Philadelphia.

Jan, L. (1989). Dance as a treatment approach with a multidisabled child: Implications for school counseling. *SchoolCounselor*, *36*(4), 310-15.

Kraus, R. (1969). *History of dance in art and education.* Englewood Cliffs, N.J.: Prentice-Hall.

Lanny, G., & Kerri, G. (1981). *Folk dance: A supplement to theK-12 physical education curriculum guide. Curriculum support series.* Retrievedfrom ERIC database.(ED 220 444)

Lasseter, J., Privette, G.G., Brown, C.C., & Duer, J. (1989). Dance as a treatment approach with a mutidisabled child: Implication for schoolcounseling. *The School Consuling*, 36, 311-315.

Levy, F.J. (1992). *Dance movement therapy: A healing art. American Alliance for Health, Physical Education, Recreation and Dance, Reston, VA. National Dance Association.* Retrievedfrom ERIC database.(ED 352 336)

Lorenzo A. T. (1979). *History and significance of the Hispanic dance expression. The Presidential Task Force on Hispanic American Arts (SanAntonio TX*).Retrievedfrom ERIC database.(ED 225 734)

Lorenzo A. T. (1981). *Enhancement of self-concept and academic achievement through ethnic dance.* Colorado Univ.,Boulder. Center forBilingual Multicultural Education Research and Service. Retrievedfrom ERIC database.(ED225 735)

Oanh, N.T., & Michael, W.B. (1977). The predictive validity of each of ten measures of self-concept relative to teachers' ratings of achievement in mathematics and reading of vietnaness children and of those from five other ethic groups.*Educational and PsychologicalMeasurement*, 37, 1005-1016.

Pang, V.O. (1981). The self-concept of Japanness American andWhite American children in fourth through sixth grade as measured by aModified Piers-Harris Children's Self-concept Scale. *Dissertation Abstracts International*, 42, 125A.

Pervin, L.A. (1993). Personality ：*Theory and research*. New York: John Wiley & Sons, Inc.

Pervin, L.A. (1993). *Personality: Theory and research*. New York: JohnWiley & Sons.

Rose M, D., & Ronald, D. (1984). *Multicultural educationupplementary curriculum*. Retrievedfrom ERIC database.(ED 252 605)

Schulz, J.B., & Carpenter, C.D. (1991). *Mainstreaming exceptionalstudents*. New York：Allyn & Bacon.

Siegle, E, D. (1972). The phantasy life of a Mongoloid：Movement therapy as a development tool. Monographs of AmericanDance *Therapy Association*, 103-110.

Sherrill, C. D. (1986). *Adapted physical education and recreation* .New York: Wm. C. Brown Publishers.

Skye, F.D., Christensen, O.J., & England, J.T. (1989). A study of the effects of a culturally-based dance education model on identified stressfactors in American indian college women. *Journal of American IndiaEducation*, *29*(1), 26-31.

Veronia, B. (1994). *Dance/movement therapy with emotionallydisturbanced adolescents. The safe school , safe students: A collaborative approach to achieving safe, disciplined and drug-free schools conductive to learning conference* (Washinton, DC, October28-29).Retrievedfrom ERIC database. (ED 385 786)

Winnick, J.P. (1990). *Adapted physical education and sports*. New York: Human Kinetics.

第七章　原住民族與漢族國中學生情緒智力

第一節　緒論

　　文化是一個民族生存之證據，民族的命脈，以及民族永續發展之動力。就教育理念而言，學校課程應顧及學生之文化脈絡與學生的生活經驗來設計，然而，在任不同教育階段之課程，幾乎都是以主流文化為主，很少是傾向於原住民的文化這一方面。換句話說，因為原住民所學習的內容，幾乎都是主流文化的東西，跟原住民族的文化背景脈絡，幾乎都背道而馳，而導致我們的學習動機低落，學習意願很低，自然影響到原住民學生的學業成績。致使有些人認為原住民學生學業表現不佳，或是成就動機很低，學習態度不佳。事實上，是因為主流的課程內容根本與原住民文化之內容相差甚遠，致使學習態度、學習意願低落，自然會影響學習的表現（洪清一，2005）。

　　就多元文化教育理念而言，社會文化是各族群的共同貢獻，不同族群文化都有其價值，且均應受到尊重，所有的學生均應去學習。教育上不在教導非主流族群學生拋棄自己的文化，融入主流文化；相反地，應教導所有學生認識所屬族群的文化，進而認識和尊重其他族群的文化。然而，長久以來，教育體系經常是主流政府用來對於原住民實行文化剝奪的一個媒介，學校透過教導單一的語言與文化，刻意忽略文化差異的存在，實行同質教育、單一型態的教育模式，幾乎完全切割原住民學童的成長背景、語言與文化，讓原住民學生須重新學習一套不同於學前的知識體系。如此，不僅嚴重影響原住民學生學習表現，而且，對文化認同與對民族之使命感，影響甚鉅（洪清一，2005）。

　　Coleman（1995）在其情緒智力（Emotional Intelligence, EQ）一書中提及，EQ是一個人的情緒能力，是發自內心的智慧，包含自我覺察、自我控制、自我激勵、富同情心、以及具備與人關懷合作與社交的能力。而其原理即包括五種主要的能力：認識自己的情緒、管理情緒、激勵自己、認知他人的情緒以及處理人際關係等能力。情緒智力著重「情緒管理的藝

術」，強調情緒有助於整合思想與行為（劉慧慧，2001）。人一生的成就有百分之八十取決於情緒智力、社會階層、及運氣……等，而智力的影響力只有百分之二十（黃美惠，1997）。

　　每個人都應學習管理情緒、經營情緒，讓自己過得喜樂，在學習、生活、工作上都能得到高的效率（鄭石岩，1996）。擁有較高的情緒智力，能妥善管理情緒，便能輕易展現自我能力，發揮潛能。

第二節　情緒智力的意義

　　情緒智力（emotional intelligence）指體察自己與別人的情緒，處理情緒並運用情緒訊息來指引自己的思考與行動之能力（（王財印，2000；曾娉妍，1998），係指個體整體情緒的能力。情緒智力涵蓋情緒覺察、情緒管理、同理心、樂觀、處理人際關係等能力。亦即，情緒智力為「個人處理情緒課題時，運作後設歷程從事情緒覺察、情緒調節與管理，並能表現同理心、自尊和樂觀，期以達成經營積極關係的一種社會智力。」亦即以情緒覺察和處理能力為核心，而表現於待人、待己及處事等三種人我關係場域的能力；而三個場域又各以同理心、自尊和樂觀為其主要表現指標變項（李乙明，1999；Coleman, 1995；Salovey ＆Mayer, 1990,1993）。換言之，情緒智力係指個人能夠察覺、表達、調節自身與人際的情緒，並利用情緒訊息作建設性思考與行動而適應於生活環境的能力，其中分為情緒的察覺、情緒的表達、情緒的調整與情緒的運用等四個層面（莫麗珍，2003）。

　　Hatfield、Cacioppo與Rapson（1994）指出一個具有情緒智力的人具有三種技能：

　　(一)能了解和表達自身的情緒並且能辨認他人的情緒。

　　(二)能調節自身和他人的情緒。

　　(三)能夠駕馭自身的情緒以便激勵出適度的行為表現。

　　Coleman（1995）認為情緒智力是一種能保持自我控制、熱誠和堅持且能自我激勵的能力，包含五種主要層面的能力：認識自己的情緒、管理

情緒、激勵自己、認知他人的情緒以及處理人際關係等能力。

De Beauport與Diaz（1996）根據腦結構三位一體理論（triune brain theory）提出人類的心靈和智力包括心智智力、情緒智力和行為智力等三種成份，其中情緒智力是一種可使我們有適當的感覺和慾望的智力，包括：情感智力（affectional intelligence）、心情智力（mood intelligence）和激勵智力（motivational intelligence）等三項次成份。其中情感智力是個體被某事物或某人影響的歷程，有助於對人、地、物想法或情境發展出親密感的能力；心情智力則是個體在經驗痛苦或愉快感覺時能夠產生、保持和轉換任何心情的能力；而激勵智力則能夠使個體察覺我們的慾望，並知道何者會激勵自己以及最能感動我們，也是一種能夠在面臨所喜好事物上指引自己生活的能力（李乙明，1999）。

Cooper與Sawaf（1997）認為情緒智力是一種察覺、了解和有效應用各種情緒的力量和聰明，成為人類精力、訊息和影響的源泉，人類的情緒是核心感覺、勇氣層次本能和情緒感受的領域，當情緒能被信賴和尊重，情緒智力可讓我們對自己本身以及周遭人物有更深層與更完全的了解，並認為情緒智力在任何年紀都可以學得與提升。

Mayer與Salover（1997）認為情緒智力包括：正確知覺、評估和表達情緒的能力；接近並產生有助於思考的感覺之能力；了解情緒和情緒的知識的能力；以及反省性調節情緒從而促進情緒的和理智的成長之能力。

第三節　情緒智力的內涵

情緒智力所涵蓋的內容，主要包括了情緒的評估與表達（appraisal and expression of emotion）、情緒調整（regulation of emotion）、情緒的運用（utilization of emotion）等三個部分，概念圖（見圖7-1）如下（Salovey, Hsee, & Mayer, 1993；曾娉妍，1998）：

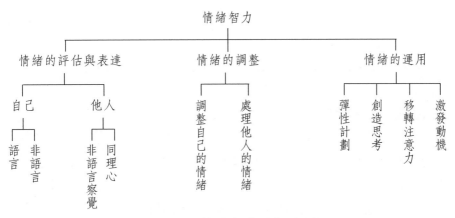

✿圖7-1　情緒智力的概念圖

資料來源：I*magination, Cognition, and Personality,* Salovey Mayer，1990，
　　　　　Emotional intelligence. *9,* 185-211.
　　　　　曾娉妍（1998）。**情緒教育課程對提昇國小兒童情緒智力效果**
　　　　　之研究（未出版之碩士論文）（**頁26**），國立台中教育大學，
　　　　　台中市。

(一)情緒的評估與表達

　　正確的評估與表達自己的情緒是智慧最基本的部分，而能洞悉他人的
情緒則是另一個重要的層面。情緒智力較高的人，不但是位良好的情緒傳
送者，同時也是個體貼的訊息接受者，他能了解別人的感受，察覺別人的
真正需要，將情緒表達與洞悉能力運用自如，從而與人建立熱絡互信的關
係。

(二)情緒的調整

　　情緒智力的另一要素為情緒調整能力。此能力係指個體能採取一些策
略來處理激起的情緒，因應內外的情緒壓力，以維持身心平衡。一個有智
慧的人不僅能處理自己的情緒，同時也會處理別人的情緒反應，面對別人
的情緒時，能適切的因應並予安撫，進一步亦能影響別人的情緒。

(三)情緒的運用

　　情緒本身無好壞之分，也無價值高低之別，不過，因個體的情緒作
用，會產生截然不同的效果與影響。因此，情緒智力的另一要素就是強調
培養正向的情緒，使自己更加樂觀、充滿希望，並能化負向情緒為建設

力，為自己開創美好的人生。至於，情緒的運用可從彈性計劃、創造思考、移轉注意力、激發動機來著手。

根據Coleman（1996）的情緒智力理論主要包含五個層面的能力，分述如下：

(一)認識自己的情緒

認識自己情緒是EQ的重要基石，這種隨時能夠認知、控制自我感覺的能力，對於是否能了解自己是個關鍵因素。若個人未能了解自身真實的感受，則必然淪為感覺的奴隸，反之，若能充分掌握感覺及情緒才能主宰自己的生活，面對人生的大事也較能夠作出明確的抉擇。

(二)管理自己的情緒

情緒管理必須建立在自我認知的基礎上，其中包含自我安慰，擺脫焦慮、沮喪或不安，這方面能力較匱乏的人常須與低落的情緒交戰，掌控自如的人則能很快走出生命的挫折與低潮，並重新出發。

(三)激勵自己

無論是要集中注意力、自我激勵或發揮創造力，將情緒專注於一項目標是絕對必要的。成就任何事情皆須仰賴情緒的自我控制——延遲滿足與克制衝動，而保持高度熱忱則是一切成就的動力，而且自我激勵的人做任何事也都比較具有效率。

(四)認知他人的情緒

同理心是另一個建立在自我認知基礎上的情緒能力，同時也是基本的人際技巧。具同理心的人較能從隱約、細微的訊息中察覺他人的需求。

(五)處理人際關係

人際關係就是管理他人情緒的藝術，個人的人緣、領導能力與人際間的相處效能都與這項能力有關，善於處理人際關係的人，往往能順利地與他人產生互動。

第四節　情緒智力的結構

情緒智力的主要結構（如下圖7-2）包括覺察、評估及表達情緒的能

力、激發與產生情緒，藉以促進思考的能力、了解及分析情緒，並能運用
情緒佑識的能力、反省性地調整情緒，以提昇情緒及智力之成長的能力。
各結構之重要內涵如下（莫麗珍，2003）：

(一)覺察、評估及表達情緒的能力

　　個體必須能夠察覺自己的情緒狀態及感受，並對自己的情緒反應加以
思考之後，漸漸透過語言、表情與行為等各種方式，適當地表達自己的情
緒，然後才能察覺、辨認他人的情緒並予以評估，進而具有區分情緒表達
適當與否的能力。

(二)激發與產生情緒，藉以促進思考的能力

　　情緒是重要的警報系統，能引導注意環境中的人事物所給予的重要訊
息，就如同小嬰兒會以哭來表示需要。其次，情緒有助於情感的判斷和記
憶，這就是特別快樂或悲傷的事能在記憶中保留最久的緣故。再者，情緒
有助於更準確及更有效率的多元思考，使得個體在轉換心情思考時，能考
慮到更多情境，而使事情的處理更為周詳。

(三)了解及分析情緒，並能運用情緒佑識的能力

　　個體在認可基本情緒之後，即開始給予各種情緒名稱，了解情緒間的
關係與差異。同時，個體也學習將情緒運用到各種情境中，能具有解釋情
緒中相關意義的能力。例如，了解悲傷通常伴隨失落。此外，個體也能了
解複雜的情緒，體會百感交集的心情。最後，個體具有情緒轉換的能力，
例如由高興到生氣，由滿足到絕望的情緒。

(四)反省性地調整情緒，以提昇情緒及智力之成長的能力

　　情緒智力最高層次是涉及情緒調整以促進情緒與智力成長的能力。情
緒反應發生時，必須要敞開心胸，承認情緒的存在並欣然接受，以包容的
態度去感受各種情緒反應。接下來，個人必須學習將情緒與行為分開的能
力，在適當的時機妥善處理情緒；同時，能具有心情和情緒的反省或後設經
驗。心情的後設經驗包括「後設評估」（Meta-Evaluation）與「後設調整」
（Meta-Regulation）。後設評估是指一個人付出多少注意力在自己的心情
上，能否清楚及接受此種心情的情形；後設調整則是關於個體能否改善不好
的心情，進而將負面情緒加以轉化，導向積極正面的思考行為方向。

反省性地調節情緒以提昇情緒及智力的成長

對處於快樂與不快樂的情緒皆能保持開放的能力。	能判斷情緒裡的訊息及其用處,反省性地進入或排除情緒能力。	反省性地監控自我及他人情緒的能力,諸如認清情緒的清晰度、典型、影響力、合理性……	管理自我及他人情緒的能力。能夠修正負面情緒、增多愉悅情緒,而不壓抑或誇大情緒的訊息。

了解及分析情緒:活用情緒的知識

標記情緒,以及了解語彙與情緒間之關係的能力,例如喜歡和愛之間的關係。	詮釋情緒所傳遞之相關意義的能力,例如悲傷常隨失落而生。	了解複雜情感的能力;又愛又恨、敬畏之心乃挾雜恐懼與訝異。	辨識情緒之間遞變的能力,例如從生氣轉為滿意,或從生氣變成羞愧。

藉助情緒成全思考

將注意力帶到重要訊息上,而使情緒能排定思考的先後次序。	保持情緒充沛、可用,而使其有助於情感的判斷和記憶。	了解心情變化會改變個人樂觀和悲觀的看法,而能勇於三思。	不同情緒狀態有益於特定問題的思考。例如快樂能促進歸納推理和創造力。

情緒的知覺、評價和表達

根據自己的身體狀態、感受與想法,而界定情緒的能力。	從語言、聲音、外表和行為所示,而對他人、設計和作品…所含的情緒加以辨別的能力。	正確表達情緒和需求的能力。	區辨情緒的表達正確與否,或者誠實與否的能力。

情緒智力

✿圖7-2　情緒智力的架構

資料來源：*Emotional development and emotional intelligence: Educational implications* Mayer & Salover，1997, pp3-31.
李乙明（1999）。高中數理資優班學生情緒智力之研究（未出版之博士論文）（頁66）。國立彰化師範大學，彰化縣。
莫麗珍（2003）。國中學生情緒智力與生活適應關之研究（未出版之碩士論文）（頁43）。國立彰化師範大學教，彰化縣。

　　至於，情緒智力運作的核心要素而言，情緒智力係以後設認知爲基礎，其核心要素是自我覺察，而自我覺察即是後設情緒，是一種後設的心理歷程。除此之外，情緒智力的內涵尚可再從另一個角度分析，亦即情緒智力係以「關係」爲其主要表現場域情緒智力可同時涵括待人、待己、接物和處事，但比較側重的是在人與事上。就待人而言，無疑地是以同理心爲表現指標；就待己而言，個人對自我概念的評價－自尊，無非是最核心的一種「表現」；就處事而言，自我激勵、避免沮喪消極等概念則直指樂觀與否，亦應無可置疑（李乙明，1999）。

　　情緒智力是「個人處理情緒課題時，運作後設歷程從事情緒覺察、情緒調節與管理，並能表現同理心、自尊和樂觀，期以達成經營積極關係的一種社會智力。」茲將上述概念以圖7-3說明如下（李乙明，1999）：

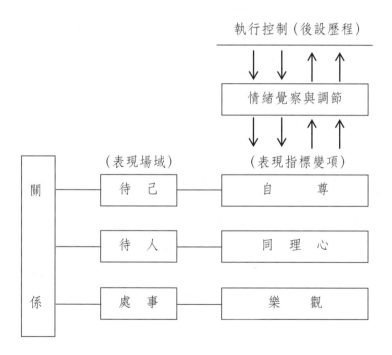

圖7-3　情緒智力運作架構圖

資料來源：李乙明（1999）。**高中數理資優班學生情緒智力之研究**（未出版之博士論文）（頁66）。國立彰化師範大學，彰化縣。

第四節　文化與情緒

　　文化是繁雜的綜合體，包括知識、信念、藝術、道德、法律、習俗，以及能力和習慣（Ferrar, 1998；Peoples & Bailey, 1997）。文化是指人類共同活動所創造出來的所有產物，這些創造出來的產物，不但包括人們所用的工具、社會生活所賴以維持的典章制度、精神生活的種種藝術產品，同時也包括創造過程中諸多人類心智活動的歷程，文化的內涵表列如下（李亦園，1996；Vander Zanden, 1993）：

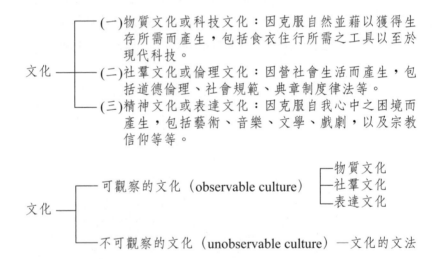

　　可以摸到、看到或直接感受到的東西，所以可以稱之為「可觀察的文化」（observable culture）。所謂不可觀察的文化或方法，實際上就是一套價值觀念，一套符號系統或意義系統（system of symbols and meanings），它是從人一出生（甚至於在母親的懷胎裡）就開始灌輸或「譜入」的原則，所以經常是下意識存在的，但卻無時無刻不在統合支配人的行為，使他的行為成為有意義而可以為同一羣體內的人所了解的（李亦園，1996）。

　　由此可知，文化是一個歷史性的生活團體──亦即其成員在時間中共同成長發展的團體－表現其創造力的歷程與結果的整體，其中包含了終極

信仰、觀念系統、規範系統、表現系統、行動系統，這五個次系統之內容
（沈清松，1986；張樹倫，1998 ；Scupin, 1998）：

1. 終極信仰是指一個歷史性的生活團體的成員，由於對人生與世界
   之究竟意義之終極關懷，而將自己的生命所投向之最後根基。如
   各民族的宗教信仰。

2. 觀念系統是指一個歷史性的生活團體，認識自己和世界的方式，
   並由此產生一套認知體系，和一套延續並發展其認知體系的方
   式。如神話、傳說、哲學思想、知識等。

3. 規範系統是指一個歷史性的生活團體，依據其終極信仰，和自己
   對自身和對世界的了解，而制定的一套行為規範，並依據這些規
   範而產生一套行為模式。這套行為規範便是該團體及其中的個人
   所據以判斷的一切事物的價值標準，因此亦決定了行為的道德性
   質。

4. 表現系統，旨在用一種感性的方式，表現該團體的終極信仰、觀
   念系統和規範系統，因而產生了各種文學與藝術作品。例如建
   築、雕刻、繪畫、音樂、甚至各種歷史文物等等。這些便構成了
   文化中的藝術部分。

5. 行動系統，指的是一個歷史性的生活團體，對於自然和人群所採
   取的開發或管理的全套辦法。包含了開發自然、控制自然、利用
   自然的自然技術；以及對於人群管理的社會技術，其中包括政
   治、經濟、社會三部分。

由上述可知，文化是人類習得的行為，是人類團體或社會之象徵，是
人類適應環境之主要方式。它是常模（norms）和價值之系統。換言之，
文化是人類所發展的生活方式之綜合體，藉以滿足人類生物與心理的需
求。文化包括價值、規範、信念、態度、習俗、行為風格，以及維護社會
功能之種種傳統（鮑雯妍、張業輝，2005；Mai, 2001；Harris, 1995）。
亦即，文化是人類社會的生活、遺產，將習得的思想、情感和行為，代
代相傳（Hicks & Gwynne, 1994 ;Vander Zanden, 1993）。其次，每一個
族群、團體或社會有其文化特殊性（cultural specialization）及次級文化

（subcultures）（Nanda, 1994）。

　　Nanda（ 1994）指出人類情緒的範疇與品質，所有人類團體大致相同，它是在一個特殊文化成長的過程。個體之喜、恕、哀、樂等情緒，會被文化引導，而且會促使個體面對不同的人、事、物。每一種文化選擇、設計及強調某一種情緒的可能性，以及界定對自己、他人及週遭環境的感覺，這是一種直接或間接地溝通方式。由於人類情緒是一種內在實體（inner reality），人類的感覺是自然的。如母親愛自己的孩子、當別人成功時會妒嫉他（她）、當他（她）的親人或朋友去逝時會悲傷等，這些自然的人類情緒，會引導人類了解某種行為類型之原因。然而，如此往往忽視文化的角色，以及對人類精神之重大影響。因為，每一種文化在不同的情境對個體行為和感覺建立某種期望。就社會結構論而言，情緒是一種症候群（syndrome），是一種社會角色（social role）；或者，是一種規範個體在某一個情境中之反應（Liu, 2006）。

　　一般而言，全球之情緒生活各有差異，首先，每一個社會產生情緒之現象不同。是否一個特殊的情況會激發引起生氣、造成悲傷和誘發驚奇，端視文化論之；其次，人類表現情緒乃依據他（她）們的文化常模，每一個社會有他們自己的規範何時、何地和對誰，可以表現某種的情緒，如個體在家之情緒表達比在學校或工作機關自由。另外，個體如何處理情緒，每個社會均有差異。有些文化鼓勵情緒表達，有些社會文化要求個體將情緒壓抑。有些社會對性別之情緒表達亦有差異，情緒表達是女性之產物，對男性而言視為弱者之象徵（Ekman, 1980a；Ekman, 1980b；Lutz & Geoffrey M, 1986；Lutz,1998 ;Vander Zanden, 1993）。其次，文化因素與潛藏於身心失序底下的焦慮密切相關。因為個人生活、移動與存在都是在一個既定的文化中，個體的反應模式也是依照該文化形成，個體所面對的衝突情境也同樣是文化中既定的（朱侃如，2004）。情緒處理（emotional processes），包括心理感應（empathy）、情緒表達（emotional expression）和情緒調理（emotional regulation）等，對跨文化適應力是重要的課題。情緒處理是情緒智力結構中之一種技能，而情緒智力是檢核提昇跨文化關係具實用性和縝密性之方法（Mai, 2001）。

　　基本上，基本情緒在相當廣泛的文化中都以相似的型態被解釋。這基本的情緒包括興趣－興奮、愉快、喜悅、訝異－驚奇、苦惱－痛苦、厭惡、輕蔑、生氣－憤怒，羞愧－屈辱、可怕－恐懼等十種，普遍性的臉部表情是由先天的神經所引起。換言之，在情緒方面，文化上的主要差異不是在表情上，而是在於對情緒和體驗的態度上。各種文化都有某些表現情緒的規定或習俗，限制情緒表達的時間和處所（游恆山，1993），而且，不同文化的個體對基本情緒有不同的反應，對各種不同情緒的態度甚至有著顯著的跨文化差異（安宗昇、韋喬治，1987）。

　　事實上，不同的語言團體有不同的情緒名詞。基本上，每一個文化是獨特的，而在這社會的人就有不同的人格，也因此有不同的情緒風格。然而，不同的情緒乃是由於個人不同的文化所塑造而成的。因此，文化濡化過程是形成不同情緒重要的因素；換言之，文化不僅僅決定個體如何思考與行為，而且，也會決定個體如何感覺情緒（Scupin, 1998）。一般而言，悲傷、生氣、快樂和驚奇是基本的跨文化情緒，換言之，這些情緒是普遍性可理解和一致性的跨文化；然而，喜愛、恐懼和厭惡等情緒則有差異存在，每一個文化的情緒生活是獨特的（Scupin, 1998）。

　　就原住民族文化脈絡中，有些較具獨特性之文化會影響原住民情緒發展與表達方式，甚至，直接或間接地塑造原住民個體之情緒處理或管理之方式，這些具殊異性與多樣性的文化，如就歲時祭儀為例，阿美族與撒奇萊雅族之豐年祭、狩獵祭及捕魚祭、泰雅族之gaga、布農族之射耳祭、太魯閣族之「出草」、噶瑪蘭之捕魚祭、卑南族之猴祭、雅美族之飛魚祭、魯凱族之收穫祭、排灣族之五月祭（竹竿祭）、鄒族之戰祭、賽夏族之矮靈祭、邵族之祖靈籃。

第五節　原住民族與漢族國中學生情緒智力之情形

　　根據洪清一（2007）研究原住民族與漢族情緒智力之情形，發現如下：

(一)不同族群在「情緒智力」上之差異情形

　　表7-1顯示，在「情緒智商」各分量表上，不同族群除在「認知他人的情緒」上差顯著差異，其他並無達顯著差異。此可能年齡階層、頭目制度及部落生活，是原住民較為特特的社會文化，或此文化之殊異性而使不同族群除在「認知他人的情緒」上差顯著差異，而此研究結果與Scupin（1998）之論點雷同。

✿表7-1　不同族群在「情緒智商」各分量表上之平均數差異

分量表	原住民		一般生		t值
	平均數	標準差	平均數	標準差	
認識自己的情緒	4.07	.90	4.03	.73	.251
管理自己的情緒	3.86	.91	3.88	.74	-.247
自我激勵	3.74	.93	3.64	.84	1.550
認知他人的情緒	3.76	.95	3.92	.75	-2.534*
處理人際關係	3.71	1.01	3.79	.83	-1.252
總量表	3.81	.85	3.82	.70	-.334

* P＜.05

　　就平均數而言，一般生在「管理自己的情緒」、「認知他人的情緒」、「處理人際關係」及「總量表」等之分數稍高於原住民；惟在「自我激勵」上，原住民的分數高於一般生。不同族群在「情緒智商」各分量表上，除在「認知他人的情緒」上差顯著差異，其他並無達顯著差異。在不同年級上，原住民學生各年級在「情緒智商」各分量表上，無達顯著差異。一般生學生各年級在「情緒智商」各分量表上，無達顯著差異。

(二)不同性別在「情緒智商」分量表上之差異情形

　　原住民男、女在「認識自己的情緒」上，達顯著差異，女生平均數高於男生平均數；在「管理自己的情緒」上，女生平均數高於男生平均數，並達顯著差異；在「處理人際關係」上，女生平均數高於男生平均數，並達顯著差異；在「總量表」上，女生平均數高於男生平均數，並達顯著差

異。此研究結果與Ekman（1980a）、Ekman（1980b）、Lutz & Geoffrey M,（1986）、Lutz（1998）、Vander Zanden（1993）等之論點相雷同。

　　一般生男、女生在「自我激勵」上達顯著差異。不同族群男生在「認知他人的情緒」上達顯著差異，在其他分量表的分數，並無顯著差異存在。

✿表7-2　不同族群男生在「情緒智商」分量表上之平均數差異考驗表

分量表	原住民		一般生		t值
	M	SD	M	SD	
認識自己的情緒	4.01	.83	4.09	.77	-1.010
管理自己的情緒	3.79	.89	3.93	.75	-1.579
自我激勵	3.70	.92	3.73	.83	.428
認知他人的情緒	3.73	.88	3.96	.74	-2.695*
處理人際關係	3.65	.95	3.72	.87	-.750
總量表	3.75	.83	3.86	.72	-1.358

* P＜.05

　　由表7-3顯示，原住民女生在「認識自己的情緒」、「管理自己的情緒」、「自我激勵」等上之分數高於一般生女生，並達顯著差異，其他並無顯著差異存在，惟在平均數仍高於一般生女生。

✿表7-3　不同族群女生在「情緒智商」分量表上之平均數差異考驗表

分量表	原住民		一般生		t值
	M	SD	M	SD	
認識自己的情緒	4.20	.81	3.96	.69	3.057*
管理自己的情緒	4.00	.78	3.83	.72	2.182*
自我激勵	3.84	.82	3.53	.85	3.455*
認知他人的情緒	3.90	.76	3.90	.71	.066

分量表	原住民		一般生		t值
	M	SD	M	SD	
處理人際關係	3.88	.82	3.89	.73	-.067
總量表	3.92	.71	3.79	.68	1.794

* P < .05

　　簡言之，在情緒智力各分量表上，不同族群除在「認知他人的情緒」上差顯著差異，其他並無達顯著差異。原住民男、女在「認識自己的情緒」上，達顯著差異，女生平均數高於男生平均數；一般生男、女生在「自我激勵」上達顯著差異。不同族群男生在「認知他人的情緒」上達顯著差異，在其他分量表的分數，並無顯著差異存在。

參考書目

王財印（2000）。**國民中學資優班與普通班學生情緒智力、生活適應與學業成就關係之研究**。國立高雄師範大學，高雄市。

朱侃如譯（2004）。**焦慮的意義**（原作者：R. May）。台北市：心理。

安宗昇、韋喬治譯（1987）。**情緒心理學**（原作者：K. T. Strongman）。台北市：五洲。

李乙明（1999）。**高中數理資優班學生情緒智力之研究**（未出版之碩士論文）。國立彰化師範大學，彰化縣。

李亦園（1996）。**文化與修養**。台北市：幼獅。

沈清松（1986）。國民中學公民與道德科新課程教材與教學之探討一第四冊「文化生活」。**國立編譯館通訊**，33，15-18。

洪清一（2005）。回歸原住民族教育自主權。**原教界**，**3**，6-7頁。

洪清一（2007 ）。原住民族與漢族國中學生情緒智力之研究。國立東華大學特殊教育系主編，**2007年一個不能少一原住民族特殊教育學術研討會論文集**。花蓮縣：文風。

莫麗珍（2003）。**國中學生情緒智力與生活適應關之研究——以台灣中部地區為例**（未出版之碩士論文）。國立彰化師範大學，彰化縣。

曾娉妍（1998）。**情緒教育課程對提昇國小兒童情緒智力效果之研究**（未出版之碩士論文）。國立台中教育大學，台中市。

游恆山譯（1993）。**情緒心理學**（原作者：K. T. Strongman）。台北市：五南。

張樹倫（1998）。從文化學論公民教育的理論與實施。**公民訓育學報**，7，233-254頁。

黃美惠譯（1997）。**情緒智力**（原作者：D. Goleman）。台北：時報。（原著出版年：1995）

鮑雯妍、張業輝（2005）譯。**社會文化人類的關鍵概念**（原作者：N. Rapport, J. Overing）。北京市：華夏出版社。

劉慧慧（2001）。**國中資優生情緒智力與其道德判斷之關係**（未出版之碩士

論文）。國立台東大學，台東縣。

鄭石岩（1996）。重視情緒教育。楊瑞珠主編：**教師情緒管理**。台北市：教育部發行。

Coleman, D. (1995). *Emotional intelligence*. New York: Bantam Books.

Cooper, R.K., & Sawaf, A. (1997). *Executive EQ: Emotional intelligence in leadship and organizations*. San Francisco, CA: Q-Metrics

De Beauport, E., &Diaz, A.S. (1996). *The three faces of mind: Developing your mental, emotional intelligences*. Wheaton, IIIinois: Quest Books.

Ekman, P. (1990a). Biological and cultural contributions to body and facial movement in the expression of emotions(73-101): In A. Rorty(ed). *Explainning emotions*: Berkeley: Universal of California Press.

Ekman, P. (1990b).*Face of man*. Universal expression in a New Guinea Vilage. New York: Carland Press.

Ferrar, G. (1998). *Cultural anthropology: An applied perspective*. New York: An International Thomson Publishing Company.

Harris, M. (1995). *Cultural anthropology*. New York: Harper Collins College Publisher.

Hatfield, E., Cacioppo, J. T., & R, R.L. (1994). *Emotional contagion*. New York: Cambridge.

Hicks, D., & Gwynne, A.A. (1994). *Cultural anthropology*. New York: Harper Collins College Publisher.

Lieu, M. (2006). *Cultural variations in how emotion influences negotiation: Evaluating a process-oriented model from an interaction-based, cross-cultural perspective*. PurdueUniversityWest Lafayette, Indiana(UMI Number: 3232208)

Lutz, C.A. , Geoffrey M, W. (1986). The anthropology of emotions. *Annual Review of Anthropology, 15*, 405-36.

Lutz, C.A, (1998). *Unnatural emotions: Everyday sentiments on a micronesia atoll and their challenge to western theory*. Chicago: University of Chicago

Press.

Mayer, J.D., & Salover, P. (1997). What is emotional intelligence. In P. Salover, & Sluyter(Eds.). *Emotional development and emotional intelligence: Educational implications*(pp3-31). New York: Basic Books.

Mai, T.J. (2001). *Towards understanding the role of emotional intelligence in cross-cultural adaptability in adults*. New York: Bell & Howell Information and Learning Company(UMI Number: 3030138).

Nanda, S. (1994). *Cultural anthropology*. California: Wadsworth Publishing Company.

Peoples, J., & Bailey, G. (1997). *Humanity: An introduction to cultural anthropology*. New York: An International Thomson Publishing Company.

Salovey, P., & Mayer, J.D. (1990). Emotional intelligence. I*magination, Cognition, and Personality, 9*, 185-211.

Salovey, P., Hsee, C.K., & Mayer, J.D. (1993). Emotional intelligence and the self-regulation of affect. In D.M. Wegner & J.W. Pennebaker(Eds), *Handbook of mental control*(pp.258-277). Englewood Cliffs, NJ: Prentice-Hall.

Scupin, R. (1998). *Cultural anthropology: A global perspective*. New Jersey: Prentice Hall.

Vander Zanden, J.W. (1993). *Sociology*. New York: McMraw-Hill, Inc.

第八章 原住民與漢族國中學生靈性智力

第一節 緒論

　　原住民族自古以來，依偎在環山群嶺、依山傍海之環境中，並靠著豐富多種的大地自然資源，維持生計；且以主觀或直覺之方式觀察天象，趨吉避凶，平安度日，傳承永續。換言之，原住民是不斷地在尋覓及建構在意識或認知型態與行為上，創造生活的秩序、生計的智慧、生命的哲學，以及宗教的宇宙觀（cosmology），進而將生活詮釋成有秩序且有意義的，甚至形塑出完整的且超自然（supernatural）的非物質性的文化，如社羣文化或倫理文化，即因營造社會生活而產生，包括道德倫理、社會規範、典章制度律法等；精神文化或表達文化，包括藝術、音樂、文學、戲劇，以及宗教信仰等等（洪清一，2007；沈清松，1996；Ferrar, 1998；Harris, 1995）。

　　其次，原住民族在悠悠蕩蕩之歲月中，也無形中累積了種種的經驗並創造了獨特的生活價值。換言之，原住民早已建構一種獨特的、統合的宇宙秩序觀念，並傳承與發展概念圖騰與祖先圖騰之圖騰宇宙觀，以及泛生信仰（animatism）與泛靈觀（animism）；深信祖靈（ancestor）永存，並相信物種或個體靈性（spiritual souls）之存在（李茂興、藍美華，1997；Nanda, 1994）。

　　再者，台灣原住民族以狩獵生活為主，處於自然採集的文化階段。人生一切的吉凶禍福，皆與廣義的神靈存在有關聯的土著民族中，祈求物產豐收、消除災禍的種種儀禮，扮演著重要的角色（葉婉奇，2000）。 Judy和Dantley（2001）指出，具有靈性智力的學校事務人員，可創造一種支持性的校園環境，並增進學生整體感、關連性與群體感；同時，靈性信念對少數族群學童之福祉有其重要因素（Ayton, 2000）。簡言之，靈性（spirituality）是人在其存有的根本上與超越者產生關聯或建立關係，顯示出人在其本質上的超越性（蕭宏恩、吳志鴻，2009）。靈性是一個深奧的概念與人內在的情操有關，也與一個外在的行為舉止相連，它可以是宗

教，心理的，社會人際關係，但更是靈性的（戴正德，2009）。

第二節　靈性的定義與意涵

一、靈性的定義與意涵

「靈性」一詞的英文字爲"spirit"，國內也有人將"spirit"翻譯精神或心靈（莊錫欽，2004；殷文譯，2005；徐愛婷譯，2005）。McMullen（2003）指出，靈性智力向來難以界定，它是緣自於宗教。然而、它智慧之性質之一，包括認知自己知識之限制、勇氣、統整（integrity）、直覺（intuition）、慈悲（compassion）。但對於靈性探討較多的國內醫療界之學術研究者，大都是將"spirit"翻譯爲靈性（杜明勳，2004；林笑，2000；趙可式，1998；蕭雅竹，2002；蘇淑芬，2002）；或是文化、組織或工作團體、生命力、情緒、本性、意義（Tischler、Biberman & Mckeage, 2002）。另之，「靈性」一詞，亦用「身、心、靈」之用語（蔡進雄，2007）。然而，靈性的定義常因人而異且很廣泛（Summer, 1998），可說是人言言殊。Piedmont（1999）所建構的「靈性超越表」包括全體感、祈禱與聯結等三個向度。Lip-Wiersma（2002）指出靈性可以達成發展自我、與他人結合、表達自我與服務他人等四個目的。正向心理學家Seligman認爲靈性的超越是一種美德，包括對美和卓越的欣賞、感恩、希望、人生有目的、寬恕和慈悲、幽默、熱忱（引自洪蘭譯，2003）。Covey（2005）指出靈性智能代表了我們所追求的人生意義（引自殷文譯，2005）。潘裕豐（1994）將靈性定義爲是一種超越自我、無形忘我的直覺感受，它是感知能力、理解力（Hales, 2001）。

楊克平（2000）指出靈性是一個廣泛的概念，包含了價值、意義與目的，人類將之內向發展成個人的誠實、愛、關懷、智慧、想像力與憐憫心等特質。Katherine（2002）認爲靈性智力是一種整體性智力（holistic intelligence），是融合結構（inclusive construct）。它有五個要素，包括價值殊異性（value diversity）、多向度（multidimensional）、意識

（consciousness）、獨特關係、儀式（rituals）。

蕭雅竹（2002）則認為靈性是一種生活方式，可以視為一個人最核心最深沉的部分，是一種自我與自我，自我與他人及環境、自我與宇宙或是至高無上力量之間的關係。換言之，靈性乃生命存在的本質與真正的自我，其超脫生理層次、情緒層次，以及理性層次，係個體最高層次的統整核心。藉由靈性的體驗及探求，將激發起更高層次的知覺與力量，使個體能夠不斷超越自我、向上提升，並與他人、環境、世界進行有機連結，最後，體認生命的本質與意義，到達圓滿的境界（鄭彩鳳、黃柏勳，2003）。具體而言，靈性內涵包括尋求超越、意義、使命、目的、平靜、關聯等（蔡進雄，2006）。

由此可知，靈性係指探索自我與自我、自我與他人、自我與環境、自我與宇宙之關係，其內涵包括尋求超越、意義、使命、目的、平靜、關聯等。因教育是影響人的工作，故教師職場靈性應特別強調教育工作者的自我探索與超越，以及教育工作者個人與他人的關係。在自我與自我方面，教師之職場靈值強調超越、自省及生命意義的探索，在自我與他人之間強調利他、助人、慈悲、貢獻與愛（蔡進雄，2006）。換言之，靈性係指探索自我與自我、自我與他人、自我與環境、自我與宇宙之關係，其內涵包括尋求超越、意義、使命、目的、平靜、關聯、關懷、愛與寬恕等（蔡進雄，2007）。

綜而言之，靈性的意涵如下（黃淑貞，2005；蔡進雄，2007；Tischler, Biberman, & Mckeage, 2002；McCormick , 1994）：

(一)超越的層次：相信且經歷生命的超越層次，並由其中汲取力量。

(二)生活的意義與目的：相信生命具有深刻意義，他的存在必有一目的。

(三)生活有一使命：某種天職及使命感，成為行動的至高動機。

(四)生命的神聖性：相信所有的生命都可以也應該成為「聖的」。

(五)對物質價值的不同心態：懂得物質的享受，卻不把它視為最高目的。

(六)博愛：有很強的正義感及慈悲心，善於服務及愛人。

(七)理想主義：願爲高尚的理想及改善世界而獻身。

(八)對痛苦的意識：感受到人類的痛苦，但不會削減對生命的欣賞與重視。

(九)靈性上的成就：將靈性展現在他與自己、他人、自然及終極存在關係上。

(十)靈性分爲自我與自我、自我與他人、自我與環境、自我與神的關係等。

(十一)是個人特殊的行爲或態度，是具開放性、奉獻、慈悲和神性之特質。

二、靈性之特徵

靈性是超越生命體物質層面的力量或存在的覺察，包括深度的意義感、統整感或宇宙相連結的感覺等，是健康者的核心特徵，也是個體其他層面的支持來源（許永熹，2000）。雖然宗教有助於靈性的提升，但靈性並不一定與宗教有直接關係，不論信仰及宗教觀點如何，每一個人的生命中都有靈性層面的存在（游敏譯，1999）。靈性不等於宗教，在意義治療之中並無宗教上的涵義，而是一個人的特殊性（吳秀碧，2006）。亦即，宗教是以一種正式、以團體爲主且以教派爲形式的敬神方式，而靈性則是一種個人生活中對靈性及神性所產生較個人且較普遍的體驗（徐愛婷譯，2005）。靈性或精神層面，一般難免認爲是與宗教有關，但靈性並不等於宗教；宗教是偏守某一教會或宗教組織的機構化信念、教條和行爲方式等；靈性則是個人與一個較高存在體或力量間的關係及意義感等之覺察；是一種普遍性的主觀體驗，超越對特定宗教的偏愛，也較少限制（許永熹，2000；Stanard, Saudhu, & Painter, 2000）。

Frank（2002）指出，靈性智力是一種先天的人格特質，具超能力、悟性能力、神性、解決問題能力、道　觀（Emmons, 2000）；這些精神的事物，例如內在的平靜、人生目標、使命、親密關係及對人付出等，都能喚起非物質或精神上的事情（徐愛婷譯，2005）。靈性並不一定要與宗教

「掛鉤」，雖然宗教有益於喚醒人類的靈性，但個體亦可經由自我修煉，以培養靈性之特質與情懷。靈性能力代表我們所追求的人生意義，靈性是身體能力、智力能力及情緒能力的指導原則（殷文譯，2005）。簡言之，要讓一個人的工作熱情散發出來，很重要的部分是讓他感覺到工作是有其意義，而意義正是靈性的很重要內涵，包括意義或目的、同情、意識、服務、福利（蔡進雄，2006）。Jerome（2008）研究發現，具有靈性智力的領導者，會促使組織有效率，增加組織的生產力，以及影響組織的文化。

至於，靈性與沒有靈性的差異如下表：

❀表8-1　靈性與沒有靈性的差異

靈性（spirited）	沒有靈性（dispirited）
使用四種能量（心理、生理、情緒、靈性）在工作	使用生理及心理在工作
工作是志業	工作就是工作
與他人的連結感；使用社群及家庭當隱喻	分離及無連結感；競爭多於合作和社群
個人和組織的使命與價值一致；工作有意義和目的	個人和組織的使命與價值缺乏一致性；工作缺乏意義和目的
有活力的工作者	沒有活力的工作者
工作者涉及領導活動	以由上而下的領導方式

資料來源：「論中小學教師的職場靈性（頁18）」，蔡進雄，2006，**師說**，**194**，17-20。

三、靈性智力的意涵與要素

(一)靈性智力之意涵

靈性智力為智力的一種，可以獨立地加以發展（Dorothy, 2008）。它包含思考、概念形成與問題解決等層次（子鳳譯，2001；Brenda, 2004；Vaughan, 2002）。進而言之，靈性智力為人類探索生命意義終極問題，同

時並親身體驗個人之間，和個人與外在世界之密切關連的能力（子鳳譯，
2001）。Smutny（2001）認爲它是敏感-慈悲（sensibility-compassion）、
神入（empathy）、關懷。靈性智力有四個要素，包括臨界存在思考之能
力、個人意義結果、超知覺、意識狀態擴展（Brian, 2008）。惟靈性智力
的新定義，包括察覺、注意、知道、理解和行動，其內容分述如下（子鳳
譯，2001；Danah & Marshall, 2000）：

1. 察覺

智力乃由注意，即感知及察覺，外界或內在世界開始。注意需以經
驗、觀看、聆聽、感覺、接受、品嚐、嗅聞，及體察當下發生事件的能力
爲首要前提。在建立注意、感知或察覺的概念之後，便會明白人本身就具
有體察一般所謂靈性經驗的能力，這種超越感使人與較大的意義脈絡產生
關連。換言之，靈性智力屬於超越世俗，與意義更廣大的宇宙世界產生關
連的感知，它絕非有意識的行爲。靈性智力是從感覺、視覺、聆聽、觸摸
和嗅聞等基本能力開始，不自覺地回應自我的外在延伸，而自我也成爲整
個擴展總體的一部分，可稱之爲「本世」。自有記錄開始，不斷出現靈
性、神聖感知經驗的記載。

Bon-Tai（2007）指出，靈性智力之知覺性質，包括自我－知覺（self-
awareness）、願景與價值（vision and value）、處理逆境（adversity）、
整體（holism）、慈悲（compassion）、殊異性（diversity）、場
域獨立（field independence）、質問、重構（reframing）、自發性
（spontaneity）、職業感、謙卑（humility）。

2. 洞察

意即當某事件或經驗發生時，得根據以往經驗或內在標準進行綜合或
併置。例如，知道一個人是否唱出正確的音調，首先應對音調十分清楚，
並有能力加以複製，否則便會面臨當情緒高潮時，無法分辨危險將至的潛
在威脅。一旦靈性感知出現，靈性經驗便算結束，否則它會受到概念推敲
和靈性知識或意義成形的牽制，因應此新意義的產生，而採取行動。

3. 理解

將靈性經驗的知識擴充爲概念，即對該次經驗提出有意義的解釋與了

解。概念化的過程包括了解靈性感知,並將之深植於某種認知和情感脈絡中。概念擴充之後的理解度會造成靈性事件的主觀經驗。於這種內在心理狀態的反省,就像分辨一首詩中特定段落的意義一樣,最後會明白它所帶來的美麗、哀傷、歡愉或戀愛的感受。

4. 情感滿足與行動

為經驗理解後所獲得的情感滿足,以及透過行動將理解付諸實現的選擇。個體經由概念推敲的方法理解外在事物,而概念的形成正是基於感知是有意義及代表性的。因此,個體將此理解融入經驗之中,倘若個體願意的話,甚至能根據他的知識,採取某些行動。

其次,靈性智力的評量可藉由靈性行為的外在效應進行評量。至於,靈性智力的標準即超越現世、高度意識,並賦予了日生活神聖感(子鳳譯,2001)。靈性智力的發展包括思考目標和認定價值、內在歷程和視覺化運用、統整能力、責任感、社區感、愛與慈悲、機運等七種方式(Dorothy, 2002)。靈性智力不只是一套成熟解決問題的能力,它同時涵蓋了能力、天份、天賦和個人靈性與更大、明晰宇宙間存在的超越性連結關係,可以說是生命之源。人類與神聖經驗之間的完整關係,包括由心智、感情與靈魂所得的靈性認知(子鳳譯,2001)。靈性智力之意涵包括(子鳳譯,2001;Moryl, 2001;Richard, 2001):

1. 神性(divinity)

本要素與直接感應或了解神性的能量來源、至高存在,或在面對自然現時所產生的敬畏驚奇感有關。

2. 意念(mindfulness)

這項要素包括與身體變化有關的活動,如有意節制飲食、定期屏氣凝神、沉思冥想,以及其他身心融合性的健康活動。

3. 智性(intellectuality)

智性要素表示對閱讀、學習和探討靈性或神學文字的慾望及投入程度。它同時也涵蓋了傳統教義講授的主動問答法。

4. 群體感（community）

這項要素指包含同儕團體，和基於自願與善意本質的社會活動，如擔任義工或志工。

5. 創傷（trauma）

通常視為由危機導向靈性發展的重要刺激。係指自己或所愛之人罹患身體或情緒疾病的經驗。最極端的創傷則是因死亡痛失所愛之人的實際經驗。

6. 超知覺（extrasensory perception）

這項要素包含所謂第六感或非正常的心理事件，小從想到某人時就會立即接到他的電話，大到瀕臨死亡、靈魂出竅的經驗。

7. 童年靈性（childhood spirituality）

係指在童年期間發生的靈性經驗，如參加宗教儀式或從父母或祖父那裏，閱讀或吸收到有關宗教書籍知識。

(二)靈性智力之要素

有關靈性智力的要素如下（Bowell, 2004）：

1. 知覺（awareness）：能知覺失去的，無法理解之生活目的、內在的，以及無法了解的感覺。
2. 意義（meaning）：能探索較大的圖像，並能洞悉問題所在。
3. 評估（evaluation）：能試圖各種同方式解決問題。
4. 中道（being centered）：能將各種事務與問題報到平衡狀態。
5. 透視（vision）：能看清事物之存在感與價值。
6. 投射（projection）：能將新的概念或認知帶入問題情境中。
7. 行動（mission）：能在各種情境中或領域中採取行動。

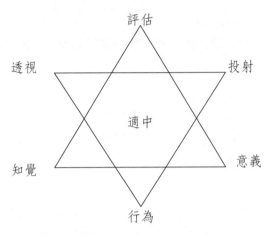

✿圖8-1　靈性智力要素

資料來源：*"The seven steps of spiritual intelligence* (p.57)", by R.A. Bowell, 2004, New York: Nichard Brealey Publishing.

(1) 知覺（awareness）

真正的知覺係指總是能夠了解尚未看到的或聽到的，以及注意到的。它總是一種新的過程開始。一般而言，知覺是一種過程。神經系統是一種動作管道（motorway）之型式，將訊息輸入主大腦，轉換聽覺、視覺、體覺或運動覺等之訊息，知覺係個體知覺周遭環境之主要管道。進而言之，知覺會提昇或增進認知、關係、記憶，並能激發反應、行動、刺激語言，以及行為的記憶。

然而，真正的知覺是精深的活動，它會深入到生活的型式，引入至自我與放鬆的認同。而且，進而探索表面價值行為之外在性，而具有靈性智力的個體較願意抗拒所謂放鬆的狀態，自我處在清醒的狀態，接受挑戰，探索生活之奧秘。

在知覺的歷程中，工作記憶（working memory）並扮演重要角色，工作記憶的空間會受到昔日的情境或脈絡與可能知覺的因素，其結構如下圖：

工作記憶的空間

✿圖8-2　工作記憶的空間

資料來源：*"The seven steps of spiritual intelligence* (p.70)*"*, by R.A. Bowell, 2004, New York: Nichard Brealey Publishing.

(2) 意義（meaning）

　　具體而言，意義係指每時發現新穎的意涵，包括積極性意義（positive meaning）與反應性意義（reactive meaning）。積極性意義是指知覺的成長與發展變成更大的圖像；至於，反應性意義是指將從圖像中予以劃分，企圖生存，維護自我的內在認同。越是觸及到個體的經驗，越能解析更多的意義，描繪其安逸無慮的內容。有關積極性與反應性的意義圖示如下：

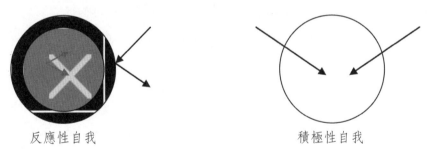

<table>
<tr><td>反應性自我</td><td>積極性自我</td></tr>
</table>

✿圖8-3　反應性與積極性自我

資料來源：*"The seven steps of spiritual intelligence* (p.84)*"*, by R.A. Bowell, 2004, New York: Nichard Brealey Publishing.

　　如左上圖所示，反應性的自我認同是將更真實的予以阻隔並抗拒任何新的事項。換言之，它是一套和固定式的心態，較無法了解與洞察重要的內容。

　　右上圖所示，表示越能夠了解真實的情境，則越能將新的和未知結合起來促進自我的水準。

靈性智力自我是尋求挑戰、包容困難、接受問題、找回回饋、省思、不確定性，以及未知。它是設法擊潰、克服；它只能成長或者因缺乏滋養而鎖固，以及從眞實而顯得光明無比。

(3) 評估（evaluation）

評估是從判斷衍生並發展成一種知覺或認知。基本上，評估需要內化（inward）和外化（outward）行動。

評估的過程不是從自我認同水準著手，而是從較大的圖像中評估。外化的評估係指個體常要探索的態度，尋找新的價值，新的發現，新的感覺，新的認知，俾便保持價值的生命。不論是自己喜愛的或他人喜歡的是喜歡生活或生命會變成什麼？而不只是個體如何守護個體自我認同的限制，不論當形式改變，變成不同的人，似能洞悉清楚。

一般而言，靈性智力較高的個體，他在評估上的主要特徵是會評估機會來發展，並發展出個別的和獨特的自我。因此，眞正的評估是要具有堅強的自我—評價（self-value），亦即個體的生命或生活是一種發展新的核心之機會。眞正的價值是源自堅強的自我—價值。越能評價他人，則個體的自我—認同越穩固，並越能從任何新的自我水準防止任何新的知覺或認知。

(4) 中道（being entered）

中道係指平衡性，亦即在工作、個人、家庭、社區等環境中，求得平衡點，尋求任何事務間之平衡，進而達到平衡、舒適、勻稱、靜謐之境地。

基本上，中道是一種統整之過程，個體須具備整合各種活動與事項的能力，否則，難以進入與獲得適中、平衡之狀態。簡言之，中道是指從難以相互協調之行爲中跳脫出來，如此，個體的自我水準方可提昇。因此，中道並非意指從生活中退縮，亦非爲呼吸放慢、安靜不動、從現實世界中脫離，而是積極參與眞實的情境，在動靜之間，求得流暢性。

(5) 透視（vision）

透視是選擇眞正要看的東西，它是發展意識的功能；透視是用新的眼睛來看，而不是看到新的園地。一般而言，我們所看到的是由於已經看到

所致。換言之，是基於過去所經歷的，然而，當運用新的眼睛來看眼前所見的事物時，卻或許無法看到或發現。簡言，透視是較比看（seeing）複雜些。

(6) 投射（projection）

基本上，投射須跳脫至個體期望發生但總無法預測之空間。在日常生活中常發生，但卻無法知覺。實實上，投射先於行動。投射的的目標並不來自於已信服於某種價值的結果，而是源自於自我的水準，它促使個體在周遭環境中獲得新的開端。

(7) 行動（mission）

行動是認同（identity）統體過程之一部分，是激勵個體重整行為。它是知識的行為，貫穿生活中的認知，情境的真實性會影響反應。每一生活是一種行動、認知及調整，俾以了解與認知。一旦了解，自我－價值（self-value）和內在的決定（inner settlement）即變成趨於具體且精深。

第三節　原住民的靈性觀

原住民族神靈觀中確有絕對至上之之神觀，且複雜多樣，其神靈觀大致可分別為如下（高賢治，1995）：

獨一至上的神觀：其主要信念包括在至高的獨一無二至上之神、鑄造宇宙萬物的主織造宇宙森羅萬象的上帝；不能聽見，不能觸見的神秘體；有人格，有意識，有毅志的存在；宇宙萬物萬事的主宰，天地的循環，萬物的變化吉凶禍福都由他的意思而來；謹嚴、仁愛的存在，可求赦免又可求憐憫的。

部屬神觀：奉至上神之指揮與監督，而各分掌神務，各守崗位，各盡其職責。如有統管日月星辰的，也有管理河山林野、鳥獸蟲魚的，或管理凶禍福，生死興衰戰爭、瘟疫、豐歉等。又以和種族之語言風俗環境之不同，故其名稱及其內容，意義各有不同。

魂魄觀：原住民認為人類的肉體，原由至上神的意思，借其父母之身體鑄造的。魂魄觀是至上神另外直接賜給人的。因此，生死之解釋便成為

肉體與魂魄之合一即生，兩者之離散即死。死後，肉體腐爛變土，魂魄則別有一個永遠不滅的世界。

　　妖怪觀：妖怪觀念可以分為不自然死者之凶魂變幻驚人外，另有素有魔神鬼怪，隨處變相害人。這種觀念雖是普遍於和種族之間，而依其種族之不同，其名稱與形容亦不同。

　　原住民深信部族的神靈、部落的神靈，及一家的神靈，在精神上相互間也有著連帶關係，如有一人違背神的旨意，就會給萬人帶來災厄。因此，一個部族或是一個家族，在多少直接接觸神靈的精神狀態高揚的祭典上，種種潔齋的要求，就被加諸在所有身上。又做為祭典準備階段的聖化儀禮，或祭典終了時的脫聖禮，也同樣慎重地執行著。原住民族是泛靈崇拜或者唯靈論。以信仰靈的存在為中心的儀禮，主宰著祭儀生活。即使這些精靈、死靈、神靈等的觀念內容，在族人的眼裏是那樣空泛曖昧，但原住民的宗教生活，如果抽離了神靈觀念，將無法充分地理解。尤其是祖靈的觀念，為了了解其與農耕禮儀的密切關係（葉婉奇，2000）。有關原住民族的靈性觀，歸結如下（葉婉奇，2000）：

(一)泰雅族的超自然信仰

　　在泰雅族，以「烏道夫」或「祖靈」（utux、liutux、aliutux）等語表現神靈、靈魂、死靈、祖靈、精靈，或是靈鬼的意思。utux有的生前是人類，也有的從一開始就是utux。但不管是何者，utux多多少少都被認為是一種已被人格化的存在。這與我們所謂神的概念，在很多情況下是非常接近、相似的。其中占有重要地位，為祭祀、祈願之對象的是所謂的祖靈。

　　因為泰雅族也與其他土著民族一樣，相信疾病是神靈的造業，所以實行有探尋神靈旨意的各種咒語禁忌、占卜之儀式。泰雅族深信每個人都有一個靈魂及一顆心，死後它們會變成神靈。但並沒有如其他諸部族所傳，人們的左右肩各有善惡靈魂寄宿著的說法。又其人格化神的觀念，不是很具體，也不見按神的系統，將神依高低順位命名的情形。但是，總括而言，其對神靈的信仰是非常強烈的。

　　其次，在泰雅族裡「嘎嘎」（gaga或gaya）是一個以「祖靈」（utux）之信仰為中心、組成「遵守共同祖訓、共同擁有自集體知識」的

儀式團體。屬於同一個「嘎嘎」的人共同舉行重要祭儀，共同遵守超自然力量「祖靈」的訓示，服膺一切應該遵守的禁忌。其次，「嘎嘎」亦是一個共同生產團體。在特定的時間，內同「嘎嘎」的人共同參加狩獵，共同遵守主要穀物的種植規則；因此，「嘎嘎」可視為一個共勞團體。對泰雅族而言，「嘎嘎」更可視一個共同的行為規範團體，「祖靈」（utux）是宇宙的主宰，也是一切人生禍福的根源，不幸有人犯禁，則須殺豬分食於「嘎嘎」成員，作為對們的賠償（王嵩山，2001）

(二)賽夏族的祖靈信仰

賽夏族以「哈雲」（havun）這個語詞來表示神靈、死靈之意。Havun是死者的靈魂，人的肉眼看不見。它存在於人所在之處及家屋內，但一般人是沒辦法清楚看見的。Havun會佇留在墓場附近。因人們認為它是生活在地面上，不會昇天；雖然有關它們在彼岸的生活，並沒有任何明白的表徵，但人們認為havun和這個世界的人一樣，既工作也吃飯。雖也稱彩虹為「天之橋」（halup-noka-kawash），但並沒有人相信havun是渡過彩虹而去的。

賽夏族是父系氏族社會，這種有共同名號之氏族，為部落組織之基本單位，零散分布在各村落中。而賽夏族的氏族組織，是以祖靈儀式為根基，因此，家屋中的內部設備，最主要且具有神聖意義者，便是祖靈袋。這個祖靈袋，只限於氏族地位最高的宗家才有，懸掛於屋內中柱附件。共同祖靈祭的團體，由宗家的家長當司祭（王嵩山，2001）。

(三)阿美族的萬物有靈論

阿美族表示所有神靈、精靈、死靈等的語詞是「卡瓦斯」（kawas）。阿美族以泛靈崇拜（萬物有靈論）為核心的kawas觀念，是縱貫南北，任何部落皆共通的觀念。他們深信kawas寄宿在人的雙肩，右肩的是善靈，左肩的是惡靈。

因kawas在人的肩上，有眼睛看著，所以人們是不可以為惡的。如果犯了禁忌，被它看見都會遭受處罰。右肩的神靈是教人應該如何處事為人的男神；而左肩則是使人迷惑的女神。人們認為就像人有男女一樣，右手代表男性，左手代表女性。人因神靈的力量而出土、生存。幫助人身體、

生命的是「道吉」神。人的出生也是這個kawas的恩賜。人活著時的影子（adingo），是由「道吉」、「齊塔魯」兩神所護持。人若死亡，則會到kawas世界，回到祖先所在的地方。在那裏與活著的時候一樣，過著耕田、捕魚的生活。

　　依據馬太安阿美人的信仰、靈界觀，人死亡，其住在頭上的生命靈（papaorip）應去的地方有二個。一個是天上的靈界，一是是在地下的靈界，前者是善死者應去的地方，後者是凶死者所到的地方。天上的靈界在北方天上的島，上從東到西再分成幾個階段，每一層由不同身份者所居住（劉斌雄，1965）。

(四)布農族

　　在布農族，將精靈、神靈、死靈等，通稱為「卡尼道」（qanito或xanito）等。在人的右側是好的qanito，左側的是惡的qanito；前者是疼愛人類的qanito，後者是憤怒的qanito。雖然qanito是看不見的，但族人們認為它就像是影子一般的存在。人影（kanigo）是活的，亦即qanito。不管人躲在哪裏，qanito都知道。右側的qanito經常叫人做善事，但左側的qanito老想著做壞事，所以左右qanito因此而爭吵。人們如果為惡，就表示善的qanito輸了。而所謂九死一生，則是善的qanito庇護的結果。惡的qanito居於山中斷崖，它會將人引到山岩處加以吞噬，據說布農族曾有一些人被它吞吃了。

(五)鄒族的宗教禁忌觀

　　鄒族是以「西茲」（hitsu）一語，來表示神靈、精靈、死靈等之意。鄒族人認為hitsu是看不見，且無聲無息的存在身體之外，並不是寄宿在左右兩肩的附近。Hitsu比較常用於意指惡靈上。族人相信，善良的人如若死亡，其靈魂會變成粟神（tamu-vinau）。所以有很多的粟神存在，這些神靈在有關粟的各種祭典上，成為祈願的主要對象。在鄒族的創生神話，hamo是人類的創造者、至高無上的「大神」，hamo之下則存在各類司職不同、性別有異的「神祇或靈」（hitsu）。鄒族人相信，些靈或祇不但賜予鄒人各種力量，也會帶來不可測期的災難與不幸（王嵩山，2001）。

(六)排灣族

排灣族以「茲馬斯」（tsumas）一語，表示神靈、精靈、死靈之意。一般人相信，右手上有善的tsumas依附著；左手有惡的tsumas依附著。總而言之，他們認為人死後，其靈魂會變成tsumas，而橫死者的tsumas是「古馬拉幾」（gumaraj）。

排灣族社會長發展對自然界理解是有神、人、靈三要素，人和靈是相對相需的，同時也是相對相反的，相互干擾的，而神是管理人和靈的（潘立夫，1995）。靈有正靈和邪靈，遊靈中有高級靈，喜歡和人結緣，而不干擾人。正靈有和人身的靈妥協，也能相安無事，並且透過該人體發生正靈的意志。該人體短暫的接受正靈的指揮而得到超人成就，年久月深，正靈附身的人體擴大服務面，獲得更信徒，產生團體式信仰（潘立夫，1996）。

(七)魯凱族的泛靈信仰

魯凱族以「艾里里卡」（aililiŋanə、aililiŋaʔ），表示神靈、靈鬼、死靈之意。這與排灣族的tsumas是同一觀念。靈魂是「阿巴庫」（abak, abakə）。魯凱族人認為，人頭部的左右方各有一個靈魂依附著。右邊是善的靈魂，左邊是殺人的惡靈。所以獻祭品給神靈時要用右手，而獻東西給妖怪時則要用左手。

族人相信百步蛇是靈魂（abak）的化身或使者，所以不能殺。橫死者的死靈（abak）埋在部落外。受傷死在家中的人，則屍體一半埋在外面，一半埋在屋裡。病死者，即使是小孩子也埋在屋內，如果屍體太多則棄屋移居，且不去棄屋祭拜。

(八)超自然信仰的卑南族

卑南族認為人的右肩有善的virua，左肩有惡的virua。右手會保護自己，會抓取收集好的東西。妖怪也叫virua，人的靈魂（tinavawaan）在人死後會變成virua。族人相信祖靈（tumoamoan-a-virua或是tauvirua na-tatomoan）是守護全家人的善靈。所謂獻新穀的初穗儀禮，主要是以祖靈為祭祀對象。一般對神靈的供俸叫pakanka-na-virua，亦即「讓神吃」之意。總而言之，即使死後，對祖先的virua是以右手獻上祭品，而對橫死、

難產死者，則用左手給與祭品，使用右手是禁忌。「道烏瑪瓦伊」是創造之神，造人、殺人皆是由它所負責。天神（naitas-na-virua）保護人，而地神是指組靈，沒有善惡之分。

(九)懼怕鬼靈的雅美族

蘭嶼雅美族的「阿尼道」、「惡靈」（anioto或anito）一語，主要是表示死靈、惡靈之意。他們對anioto懷有極大的恐懼心理，對死者也極端避忌，祭祀死者靈魂是重要的儀式。死者不埋葬在屋內，而是抬往森林中的墳場（kanitoan）掩埋。掩埋後，一面做刺槍動作，一面說著：「anioto不可以從這裡出去哦！否則用槍刺」的話。又死者生前使用的所有東西，也全部帶往遺物捨棄地，獻給anioto。因雅美族人相信亡靈在陰間，也是過著如陽間般的生活。

雅美族社會雖然擁有一個頗有具系統的宇宙觀，細膩的將宇宙分為八層，其中神、人、鬼各有其一定居住的層界；但在他們的生活中，神祇地位極不重要，雅美族人對神祇的觀念也很模糊，只有惡靈（anito）才是他們隨時隨地注意的。人不分老幼、不論何場合，對惡靈都表現一種極端的畏懼、抗衡和痛恨的心理，而把人世有的不幸歸咎於惡靈。由於把世人所有的不幸歸咎於惡靈、減少人際與群際之間的重大糾紛，因此可以說惡靈信仰妥善的扮演了避免社會衝突的角色（王嵩山，2001）。

(十)太魯閣族

早期太魯閣的祖先原取住在台灣南部平原，因人口少勢力薄弱，常遭平埔族的追殺，為了避難才遷移到能高山的白石山。大約在五百年以前，太魯閣族的祖先來到TrukuTruwan這個地方，從此Truku這個地方是太魯閣族的源頭，也是他們的「根」（李季順，2003）。太魯閣族「Taroko」是父系社會，擔負保護家園、妻兒及生活領域是男子的本份。對於外人進入生活領域則視為挑釁行為，挑釁者會成為族人男子「出草」（獵道）的對象，勇放殺敵者，將來必能「走過彩虹」，並深信被獵道的靈魂，會轉而變為保護出獵者家族的安全，增強獵者的靈力（李季順，2003）。

(十一)噶瑪蘭族

噶瑪蘭族宗教信仰以祖靈崇拜為主要特色，有以粟為中心的歲時祭儀

以及交通靈與人之間的祭司和巫醫。噶瑪蘭人的原始曆法是根據生產活動而定，年中祭儀亦附加在農業過程之中。隨農作展開的祭儀有播種祭、收割祭、入倉祭，和豐年祭等。其宗教特色是以祖先崇拜為中心，祭儀活動是祈求祖靈保護作物或產品豐富的以及家人安康為目的的手段（阮昌銳，1994）。

(十二)撒奇萊雅族

　　撒奇萊雅族亦是泛靈觀的族群，由於撒奇萊雅族分別分散於花蓮市區、東海岸、花東縱谷，亦使衍生不同的神靈觀。就以磯崎村為例，位於太平洋東海岸磯崎海灣處，東面緊鄰為神秘浩瀚的太平洋，綿綿長長、綿亙不絕的海灘，擁有晶瑩剔透、晶光閃閃的沙子；西面緊捱為層疊翠綠、蒼翠欲滴、森林蓊鬱的海岸山脈，景色怡人，可謂生活於如詩如畫、自然的山海畫像中。正因生活在有山有海的環境中，因此，磯崎部落子民的生活，莫不以海水息息相關，換言之，海水與生活是密不可分，是共生一體，致使在磯崎部落中，山海文化觀、山海生活觀，以及山海宇宙觀，衍然而生，其中，海神祭即是典型的生活智慧與文化結晶。海神祭主要的目的在於祭拜海神，希望海神庇祐部落魚民出海時，滿載而歸，並平安歸來；出海捕魚時，避免遭遇狂風暴雨，遭到不測之海難。同時，亦希望山神保祐部落子民出海時，平安順利，一切平安，平安歸來（洪清一、洪偉毓，2008）。其次，迎靈與祭祖靈是豐年祭重大的事項，是不可或缺之儀式，是豐年祭首要辦理的工作，否則，不可冒然進行豐年祭的任何活動。祭祖靈的目的亦在祈求部落子民生活平安、年年豐收、風調雨順。

第四節　有探討原住民與漢族國中學生靈性智力之情形

　　依據洪清一（2011）研究有關原住民與漢族國中學生靈性智力之情形發現，兩組學生在神性、注意力、超感官知覺、群性、智性、創傷、童年靈性等七項層面、不同學生背景（族別、族群、年級、性別、宗教背景）、家庭狀況（父母婚姻狀況、家庭型態、父母教育程度、父母職業）

等方面，均有差異之情形，各差異情形如下：

一、原住民與漢族國中學生在靈性智力之差異情形

由表8-2顯示，原住民學生在「神性」、「注意力」、「超感官知覺」、「群性」、「智性」、「創傷」及「童年靈性」等上的平均數，均高於漢族學生；而且，原住民學生總量表之平均數高於漢族學生之總平均數，並達顯著差異。

✿表8-2　原住民與漢族國中學生在靈性智力分量表上之平均數差異考驗

分量表	原住民		漢族		t值
	平均數	標準差	平均數	標準差	
神性	17.3862	4.6417	13.9937	4.8507	7.551 ***
注意力	9.5935	2.6309	9.0867	2.8823	1.960 *
超感官知覺	11.8159	3.1923	10.2517	3.1227	5.113 ***
群性	12.2035	2.8921	10.5833	2.7596	5.830 ***
智性	18.4631	5.2736	17.4437	5.0774	1.994 *
創傷	15.1789	3.8923	13.8322	4.2641	3.434 ***
童年靈性	14.0705	4.8000	9.7500	4.2648	9.523 ***
總量表	97.2767	22.0985	82.4221	22.8080	7.055 ***

*P<.05　***P<.001

不同族別分別在「神性」、「注意力」、「超感官知覺」、「群性」、「創傷」、「童年靈性」、「總量表」等上，均有差異，並達顯著差異。不同族別學生在各量表上之事後考驗情形，在「神性」方面，太魯閣族平均數高於阿美族平均數，並達顯著差異。在「群性」方面，排灣族的平均數高於阿美族，並達顯著差異。在「童年靈性」方面，排灣族、布農族，鄒族、太魯閣族及阿美族等，均有差異，並達顯著差異，其平均數分別為布農族、排灣族、鄒族、太魯閣族、阿美族。

二、不同性別在靈性智力差異情形

由表8-3可知，男生與女生分別在「神性」、「超感知覺」及「創傷」等量表上有差異，並達顯著水準。進而言之，在「神性」上，女生平均數高於男生；在「超感官知覺」上，女生的平均數高男生；在「創傷」上，女生的平均數亦高於男生。

☘ 表8-3　不同性別在靈性智力分量表上之平均數差異考驗

分量表	男		女		t值
	平均數	標準差	平均數	標準差	
神性	15.9853	4.8253	16.8419	5.0569	-2.021*
注意力	9.2993	2.6709	9.6043	2.7327	-1.326
超感官知覺	11.0471	3.2183	11.7190	3.2555	-2.434*
群性	11.6423	2.8943	11.8959	3.0019	-1.002
智性	17.8550	5.4818	18.5169	4.9359	-1.469
創傷	14.2950	3.8552	15.3194	4.1495	-2.927*
童年靈性	12.6974	4.9670	13.1107	5.1109	-.955
總量表	91.4947	22.5870	94.8380	23.7798	-1.716

*P<.05

三、不同宗教背景、父母教育程度上之差異情形

不同宗教背景在「神性」、「注意力」、「超感官知覺」、「群性」、「智性」、「創傷」、「童年靈性」，以及「總量表」等上，均有差異，並達顯著差異，經事後比較發現在各量表上，不同宗教背景之平均數高低依序為：真耶穌教、基督教、天主教、其他、道教、佛教。至於，在父母教育程度上，父親教育程度除在「童年靈性」上有差異並達顯著差異，且發現，在「童年靈性」上，低學歷平均數高於中高學歷平均數。母親教育程度在「注意力」和「群性」有差異並達顯著差異。

參考書目

王嵩山（2001）。**台灣原住民的社會與文化**。台北市：聯經。

杜明勳（2004）。談性靈照顧。**護理雜誌，51**(5)，78-83。

李季順（2003）。**走過彩虹**。花蓮縣：太魯閣族文化工作坊。

李茂興、藍美華（1997）。文化人類學。台北市：弘智。

阮昌銳（1994）。**台灣土著民族的社會與文化**。台北市：台灣省立博物館。

林笑（2000）。靈性照護與人性關懷。**榮總護理，17**(2)，153-158。

吳秀碧主編（2006）。**生命教育理論與教學方案**。台北市：心理。

沈清松（1996）。國民中學公民與道德科新課程教材與教學探討－第四冊
　　「文化生活」。**國立編譯館通訊，33**，15-18。

洪清一（2007）。原住民與漢族國中學生情緒智力之研究。刊載於洪清一
　　等，**2007年一個不能少：原住民族特殊教育學術研討會論文集**（1-43
　　頁）。花蓮縣：國立花蓮教育大學特殊教育。

洪清一、洪偉毓（2008）。花蓮東海岸撒奇萊雅族豐年祭之研究－以豐濱鄉
　　磯崎村爲例。**台灣原住民研究論叢，4**，65-100。

洪清一（2011）。原住民與漢族國中學生靈性智力之研究。刊載於國立東華
　　大學特殊教育系（編），**100年度東台灣特殊教育學術研討會**（59-74
　　頁）。花蓮縣：國立東華大學特殊教育。

許永熹（2000）。儀式療法的因素與應用。**國教新知，47**(2)，23-27。

高賢治（1995）。**臺灣宗教**。台北市：眾文。

葉婉奇（2000）。台灣原住民的祭儀生活。台北市：原民。

莊錫欽（2004）。**高級職校教師心靈特質、生命意義與生命教育態度之關係
　　研究**（未出版之碩士論文）。國立彰化師範大學，彰化縣。

黃淑貞（2005）。**中學生靈性建康與生活壓力相關之研究－以台中地區三所
　　女中爲例**（未出版之碩士論文）。輔仁大學，新北市。

楊克平（2000）。靈性層面之照護。載於楊克平等（合著），**安寧與緩和療
　　護學－概念與實務**（507-532頁）。台北市：偉華。

趙可式（1998）。精神衛生護理與靈性照護。**護理雜誌，45**(1)，16-20。

潘裕豐（1994）。靈性與創造。**創造思考教育，6**，5-9。

潘立夫（1995）。**排灣部落文明的研究**。南投縣：台灣省文獻委員會。

潘立夫（1996）。**排灣文明初探**。屏東縣：屏東縣立文化中心。

鄭彩鳳、黃柏勳（2003）：學習型組織的靈性內涵初探及其對學校經營的啓示。**初等教育學刊，15**，17-46。

蔡進雄（2006）。論中小學教師的職場靈性。**師說，194**，17-20。

蔡進雄（2007）。學校組織領導的另一章：論靈性領導的意涵與實踐。**初等教育學刊，26**，23-42。

劉斌雄（1965）。秀姑巒阿美族的社會組織。**中央研究院民族學研究所專刊，8**，153。

戴正德（2009）。靈性與關懷倫理。**哲學與文化月刊，417**，5-21。

蕭雅竹（2002）。靈性概念之認識與應用。**長庚護理，13**(4)，345-351。

蕭宏恩、吳志鴻（2009）。**哲學與文化月刊，417**，1-3。

蘇淑芬（2002）。**中文版靈性安適量表信度與效度檢定**（未出版之碩士論文）。長庚大學護理學，台北市。

Ayton, N.R. (2000). *Factors contributing to resilience in aboriginal persons who attendsd residential schools*.The University of Manitoba(Canada).

Bowell, R.A. (2004). *The seven steps of spiritual intelligence*. New York: Nichard Brealey Publishing.

Brenda, H. (2004). The plausibility of spiritual intelligence: Spiritual experience, problem solving and neural sites. *International Journal of Children's spirituality, 9*(1), 39-52.

Bon-Tai, T. (2007). *A phenomenological study of spiritual- intelligence leadership at the United Nations Global Compact*.University of Phoenix , Arizona.

Brian, K. D. (2008). *Rethinking claims of spiritual intelligence: A definition, model, and measure*. Tren University, Canada.

Burdence, P.A. (2005)：**2010大趨勢**（徐愛婷譯）。台北市：智庫。（原著出版年：1982）

Covey, S.R. (2005)：第八個習慣：從成功到卓越（殷文譯）。台北市：天下

文化。（原著出版年：2004）

Danah, Z., &Marshall, I. (2000). SQ: Connecting with our spiritual intelligence. *Library Journal, 125*, 1.

Dorothy, S. (2002). Spiritual intelligence: The tenth intelligence that integrates all other intelligences. *Gifted Education International, 16*(3), 208-2002.

Dorothy, S. (2008). Engaging the spiritual intelligence of gifted students to build global awareness in the classroom. *Roeper Review, 30*(1), 24-30

Emmons, R.A. (2000). "Is spirituality an intelligence ? Motivation, cognition, and the psychology of ultimate concern". *The International Journal for the Psychology of Religion, 10*(1), 3-26.

Ferrar, G. (1998). *Cultural anthropology: An applied perspective*. New York: An International Thomson Publishing Company.

Frank J. M. (2002). Spiritual intelligence, behavioral sciences, and the humanities. *Reference and Research Book News, 17*, 3.

Hales, D. (2001). What's your spiritual IQ ? *Ladiess'Home Journal, 118*(5), 92.

Harris, M. (1995). *Cultural anthropology*. New York: HarperCollinsCollege Publisher

Jerome C, C. (2008). *A qualitative study of spiritual intelligence in organizational leaders*. AlliamtInternationalUniversity, San FranciscoBay.

Judy, R., & Dantley (2001). Invoking the spiritual in campus life and leadership. *Jounal of College Student development, 42*(6), 589-603.

Katherine, D.N. (2002). *The emergent construct of spiritual intelligence.* ArizonaStateUniversity.

Lips-Wiersma, M. (2002). The influence of spiritual "meaning-making" on career behavior. *Jonual of management Development, 21*(7), 497-520.

McCormick, D.W. (1994). "Spiritualiyt and management". *Journal of Magement Psychology, 9*(6), 5-8.

McMullen, D. (2003). Spiritual intelligence. *Student BMJ, 11*, 60.

Morris, T. (1999)：亞里斯多德總裁（游敏譯）。台北市。大塊。（原著出版

年：1998）

Moryl, J. (2001). Thinking with your soul: Spiritual intelligence and why it matters. *Library Journal, 126*(2), 102.

Nanda, S. (1994). *Cultural anthropology*. New Yourk: Wadsworth, Inc.

Piedmont, R.L. (1999). Does spirituality represent the sixth factor of personality? Spirituality transcendence and the five-factor model. *Journal of Personality, 67*(6), 985-1013.

Richard, W. (2001). Thinking with your soul: Spiritual intelligence and why it matters. *Library Journal, 1*, 126.

Seligman, M. (2003)：眞實的快樂（洪蘭譯）。台北市：遠流。（原著出版年：2002）

Smutny, J. F. (2001). Spiritual intelligence: Developing higher consciousness. *Roeper Review, 24*(1), 40-42.

Stanard, R.P., Sandhu, D.S., & Painter, L.C. (2000). Assessment of spirituality in counseling. *Journal of Counseling & Development, 78*, 204-210.

Summer, C.H. (1998). Reorganizing and responding spiritual distress. *American Journal of Nursing, 98*(1), 26-30.

Tischler, L., Biberman, J., & Mckeage, R. (2002). Linkin emotional intelligence, spirituality and workpiace performance: Definition, moods and ideas for research. *Journal of Managerial Psychology, 17*(3), 203-218.

Vaughan, F. (2002). What is spiritual intelligence. *The Journal of humanistic Psychology, 42*(2), 16-18.

Wolman, R. (2001)：重新發現自己（子鳳譯）。台北市：麥田。（原著出版年：2001）

第九章　原住民族生態智能

第一節　原住民族知識與體系

一、原住民族知識

　　文化是在這塊土地上努力整體發展的部分。因此，每個人除有維護之責任，同時，善加運用所發展出來的知識，再現並分享此片土地上所孕育出的價值與知識，俾使人類永續發展。具體而言，原住民族知識乃包括以傳統-本位之民間文學、藝術、科技產品、創作、科學發明、設計、作品、命名、符號、密碼、傳統與俗民科技與發明（Masaga, 2007）。

　　原住民族知識（indigenous knowledge, IK）亦稱之認知的自然方式（Gwaravanda, 2021;Semali & Kincheloe, 1999），主要觀點包括：

本體論（ontological）

認識論（epistemology）

社群主義（communitarian）

和平、和諧、團結、愛、尊敬、共同、一體、團體、正義、責任、道德參與

　　原住民族知識係指存在於和發展在特別地區原住民族獨特的、傳統的和在地之知識而言，而原住民族知識體系的發展，含蓋著生活所有層面，包括自然環境之管理，是民族永續生存的事件；而這些知識體系是累積的，世代經驗的表現，仔細觀察及嘗試錯誤之實驗；其次，原住民族知識體系亦是動態的，即新知識是持續不斷地增加，由內部創造並加以內化運用；同時，調整外界的知識，以符合當地的情況（Grenier, 1998）。

　　原住民族知識儲存在民族的記憶和活動中，表現在故事、童謠、習俗、諺語、舞蹈、神話、文化價值、信念、儀式、社區規範、當地語言、分類學、農業方法、設施、物質、植物種類、動物飼養。其次，原住民族知識是藉由特殊的實例和文化分享和口傳（Grenier, 1998）。

　　原住民族知識係為源於在地文化之理解，包括族人傳達情事之詮釋之所有知識，社會之間會有不同，是一種資源，是結合傳統、當前創新和

未來視野，不斷變化。亦即，原住民族知識是動態的（Sillitoe & Bicker, 2004）。原住民族知識是在特定的歷史和文化脈絡所產生的知識，並非是一套或固定的預先一特定程序或規則所產生的，是口傳地世代傳承（Semali & Kincheloe,1999）。

二、原住民族知識之性質

基本上，原住民族之知識乃是就生活環境中所發展而來，是在日常生活環境中習得之（Rival, 2009）。因此，原住民族傳統知識主要性質包括（Barnhordt & Kawagley, 2005）：

整體性與統整性
道德觀與宇宙觀
實用性技能和功能性知識
世代傳承之智能
實用性實驗
生命教育
口述
區域性或在地化實證
隱喻式溝通
與生活、價值和道德有關之故事
實用性生計方法

反之，西方世界或主流社會之知識與科學性質，強調由部分到整體、實證性和物質性、理解、懷疑、測量、假設、驗證性、量化、數學模式、程序性、訓練本位、微觀與鉅觀論（Masaga, 2007）。

三、原住民族知識體系

進而言之，原住民族知識體系（indigenous knowledge system）是指位於特定的空間和脈絡情境下，周遭社區部落原住民的知識和技術，包括精

神和物質層面，以及族群間之關係。具體而言，有關原住民族知識體系主要領域包括如下（Masaga, 2007；Thomas & Nyamnjoh, 2007）：

原住民族知識性質、知識體系、科技

傳統醫療、健康照護系統

食物系統

社會─文化系統

藝術、樂舞、

技藝、編織

物質

跨領域和支持性議題

自然資源的知識

理念與價值觀

在原住民族知識中，自然和土地是最重要的概念，這些概念是與靈性（spirituality）和超自然（supernatural）有關（Bridled, 2004）。換言之，原住民族和傳統社區素有來自獨特的生態發展出環境倫理（environmentethic）與生態循環（如下圖）（Bierhorst, 1994;Breidlid, 2013; Callicott, 1989）；同時，強調特殊的價值觀和特徵，包括（posey, 2004）：

· 合作

· 家族、世代溝通

· 世代幸福

· 當地尺度、自我效能

· 土地和資源之共有、集體，非個人和轉讓

· 限制資源開發，尊重自然。

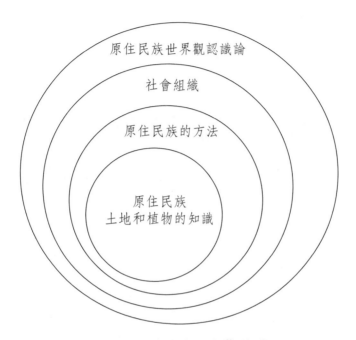

●圖　原住民族的生態循環

資料來源：Breidlid, A, (2013). *Education, indigenous knowledges, and development in the global south: Contesting knowledges for a sustainable future (p.40)* New York: Routledge.

　　傳統生態知識（Traditional Ecological knewledge, TEK），係指當地社區將傳統知識、創想、方法蘊含於傳統的生活方式而謂之。換言之，它是知識和信念的累積，藉由文化傳遞世代傳承，包括自然、資源管理、營養學、食物存糧、健康、教育、社區和社會組織（Warren, Slikkerveer, & Brokensha, 1995）。由此可知傳統生態知識是鉅觀、動態，藉由實驗、創作、洞燭機先，以及外在刺激持續演進（Posey, 2004）。進而言之，傳統知識並非是古舊，而是一種學習和運用的方式；換言之，它是社會學習的歷程和分享知識，是每一原住民族文化的獨特性，它是生根棲息於傳統的中心深處。很多的傳統知識實際上是非常新穎的，並具有社會意義、法律特質，完全非為來自於移民者和工業化社會習得而來的知識（FDC, 1996）。

傳統知識包括藥材、自然或天然殺蟲和驅蟲劑、受胎藥、可食植物、動物行為、氣候和季節性生態、土壤、森林和草原的管理，以及具生態性和永續發展之新策略（Posey, 2004）。

第二節　生態智能

生態一詞之原意為家或家、住所或棲息地，為生物群落與其生存環境所構成綜合體（王義仲、陸象豫、許立達，2008；李博，2000；李彥，2003）。是一門關於居住環境的一種學門與科學，是指生物及環境間相互關係的科學而稱之生態學（ecology）（李博，2000；李彥，2003；孫儒泳、李慶芬、牛翠娟、婁安和，2000）；而此所指生物包括動物、植物、微生物及人類本身，即不同的生物系統；而環境則指生物生活中的無機因素，生物因素和人類社會共同構成的環境系統（李博，2000）。自成為一個物種之際，人類就開始學習生態學了，而人類之所以能夠倖存下來，靠的就是善於觀察環境的變異，以及可預測出生物對變異的反應。因此，最早期的獵人與採集者必須熟知獸類的習性，同時，也必須清楚食物的分布地點及植物可採收的時間，甚至，了解氣候、土壤的變異，以如何影響作物與動物（金恆鑣，2007）。至於，生態智慧（ecological intelligence）強調的是人與生態關係，一連串知識—實踐—信仰的累積體，它由當地人的適應過程發展而來，並藉文化傳承代代相傳，是生物（包括人）彼此之間、生物與環境之間的關係。具體而言，包括對動植物與土地的在地知識、土地與資源的管理系統、支持該管理系統之社會體制以及其背後的信仰及宇宙觀等層次（Berkes, Colding, & Folke, 2000）。因為是一種適應過程的產物，因此傳統生態智慧含有試驗與錯誤（trial—and—error）的特色，換句話說，並不是所有根據傳統的操作都有助於保育（Berkes et al., 2000）。總之，生態智慧有三個值得關注的面向：(一)它在文化各個層面的環環相扣；(二)它在日常生活實踐中才有意義；(三)它允許試驗及錯誤的機會（林益仁，2003）。

每一民族都有自己獨特的文化與生產生活方式，如定居的雅美（達

悟）族，主要生產方式有二：一種是以水田定耕與山田耨耕的農業，另一種是海上捕魚。以農業為主要生產方式的泰雅族，團體圍獵行於夏秋乾季，常有宗教意義。傳統的布農族，經濟完全依賴山田燒墾的生產方式和打獵而來，勞力並不被某一特定的社會群體所控制（王嵩山，2001）。此外，阿美族與撒奇萊雅族，向以豐年祭與捕魚祭著名，昔日，族人為敬天敬地、祈求豐收，即以自然與生態之特殊方式，就地取材，解決日常生活所需之食材與用品，此種靠山吃山，靠海吃海，以及逐水而居之生活模式，無形孕育了運用生態、自然、環保與永續性之智能。進而言之，從認識的動力而言，推動原住民認識的動力是一個系統，包括內在動力體系與外在動力體系。內在動力體系是指既有認知意識、認知活動、認知產物三環節的相互作用，將認識主體、認識和仲介、認識客體三方面的相互作用；其次，外在動力體系是既有認識系統與自然環境人化自然的矛盾的過程中，發展智慧，進行自然探索，從而運用自然，發展自我（吳家清，1999）。

第三節　阿美族之生態智能－巴拉告

一、巴拉告（palakaw）的意涵

　　巴拉告（palakaw）一詞為居住於花蓮縣光復鄉阿美族之用語，意指在溪流旁邊處，先挖掘深約一公尺，面積約一坪不等之水池，旋即，將樹幹、殘枝堆疊在水池裡，似在水池中有一堆的垃圾，之後，將溪邊的水引至其中而稱之。主要的目的乃因族人想吃魚，進而發想運用自然生態之方式捕撈溪水中之各種魚類、蝦子、螃蟹。族人為捕撈不同的魚類時，乃在築構巴拉告時，將粗大的竹子予以通心後，放置最底層作為鰻魚類棲息與藏匿之處，中層則放置芎樹之枝幹，俾利蝦蟹棲息生養，上層處則放置雜枝雜草覆蓋，以供自然屏障之用。

二、巴拉告之生態智能

換言之，以自然素材所建構的巴拉告，是馬太鞍阿美族特色的漁撈文化，其功能類似人工魚礁，除了提供魚蝦棲息的處所，同時也是捕撈漁獲的地方。三層式構造及居住的魚種，首先在底層放置竹筒或其他空心的植物，提供給底棲性魚類棲息，中層以樹枝綑紮堆疊，這些樹枝除了可以增加重量，讓底層的竹筒不易浮起之外，同時也提供蝦蟹棲息及保護的場所，上層以大型葉片或雜草覆蓋，以提供中下層魚蝦遮蔽陽光。中層的樹枝質地細密、不易腐爛，再加上頂層魚類的排泄物，因此長期在水中會滋生藻類，進而吸引蝦蟹聚集食用（林雍尉、王麗菱，2008）。由此觀之，阿美族深知基本的生命循環境，體現自然系統是處於一種穩定平衡的狀態，阿美族為了生存必須有生產性的生態系統，而巴拉告的發明與創想，則體現了生產性的生態系統（盧風，2011）。

針對巴拉告之魚撈文化之詮釋，蔡義昌（2019）指出阿美族人把溪流中的生物分成三種：1.有穿衣服的魚：就是指有鱗片的魚，吳郭魚、鯽魚、鯉魚這類的都叫做有穿衣服的魚。2.沒穿衣服的魚：相對有鱗片的魚叫做有穿衣服，想當然爾，沒穿衣服的魚就是沒鱗片的魚。泥鰍、鰻魚、鱸鰻都是沒穿衣服的魚。3.不像魚的魚：其實就是蝦蟹類，根本不是魚。當巴拉告組裝好，就如同一個社區被建蓋好。蝦蟹可以躲藏在細樹枝的那層，繁衍生生不息。蝦子也有分「人吃的」跟「魚吃的」。人不能吃魚吃的，魚不會吃人吃的，這就是自然的生態法則。

換言之，阿美族人有一種特別的捕魚方式，即打造一個適合魚類生長的魚屋，蓋好魚屋以後，大魚就會到這裡來找食物，上層的水生植物，讓牠們不容易被水鳥發現。大魚吃剩的食物會慢慢往下掉，有的卡在中間的細樹枝上，成為小魚、小蝦的點心；有的掉到最底層，讓躲在大竹子內的魚享用。過了一段時間，魚屋裡的魚越來越多，阿美族人想要吃魚的時候，不用出海，也不用辛苦的等魚上鉤，只要拿著魚網到這裡抓魚，就可以好好享受了。魚屋巴拉告的價值，歌頌了阿美族族捕魚的自然生態智慧，促而大自然的生態，生生不息（蔡孟耘，2018）。

　　綜合而言，從文化認識論而言，原住民族的漁撈文化體現了開發自然、控制自然、利用自然的自然技術（洪清一、陳秋惠，2014），阿美族的生態智慧，馬太鞍人選取了Palakaw做為文化表徵，是具有地方認同的意義的。首先，它是馬太鞍人因應當地特有的溼地環境而發展出來的捕魚文化，其他地區阿美族人並未發展出此一捕魚技術，因此，它區辨了馬太鞍人與其他阿美族人，做為連結內部認同的象徵。其次，Palakaw的存在，象徵一生態系的完整性，意即溼地對河流的調節功能，水草對土壤保護的意義以及人類、魚、蝦、水草、田螺、飛鳥間的食物鏈關係。在這個食物鏈關係中，人是生態的一部分（張瑋琦，2011）。因之，漁撈文化體現了原住民與自然生態的關係，在自然環境中生存的原住民經過探索，根據生態系統構造出魚屋巴拉告捕魚器具，顯現出寶貴的自然智慧與自然探索的能力（曾米嵐、洪清一，2019）。

第四節　結論

　　原住民族的生態智能源自於生活。原住民生活環境需要各項生存技能，狩獵、捕魚、農耕等，各種生活經驗提供了多項知識的學習，自然地具有有毒植物與可實用植物之間植物學方面知識的辨別能力。其次，原住民族的生態智能，衍生於實踐。換言之，原住民族生態智能經由持續地學習，不斷地探究與實作的方式進行，去驗證知識的真實性與虛假性，從而在進一步驗證知識的過程中也會產生新的智能，將智能運用於實際生活中而有所裨益。總之，對阿美族人而言，Palakaw是一種周遭界環境、生態之意識、認知，進而形構與表現Palakaw生態漁撈之生活世界、生活樣態及生態智能。換言之，阿美族人是將自我融入於環境生態系統中，進而創造出此種生態、自然與永續之生態智能。

參考書目

王嵩山（2001）。**臺灣原住民的社會與文化**。臺北市：聯經。

王義仲、陸象豫、許立達（2008）。森林資源與環境維護之關係。載於環境與生課程委員會（編），**環境與生態**（85-106頁）。台北市：文化大學。

李彥（譯）（2003）。**生態學**（原作者：D. Burnie）。北京市：新華。（原著出版年：1999）

李博（2000）。**生態學**。北京市：高等教育。

吳家清（1999）。從普通認識論到文化認識論：認識論視角的新轉換。**現代哲學**，1，5。

曾米嵐、洪清（2016）。自然課程模式運用於原住民身心障礙學童之探討。**東華特教**，56，32-40。

金恆鑣（譯）（2007）。**生態學**（原作者：M.C. Molles）。台北市：滄海。（原著出版年：2005）

林益仁（2003）。**泰雅族生態智慧之探討－以雪見爲例**。台北市：內政部營建署雪霸國家公園管理處

林雍尉、王麗菱（2008）。馬太鞍阿美族漁撈文化初探。**華岡農科學報**，22，57-69。

洪清一、陳秋惠（2014）。以文化－本位課程模式建構原住民族教育之探究。**課程研究**，9(2)，1-21。

孫儒泳、李慶芬、牛翠娟、婁安和譯（2000）。**生態學**（原作者：M.A. S. Ball & S.R. Virdee）。北京市：新蕾。（原著出版年：1998）

張瑋琦（2011）。幽微的抵抗：馬太鞍原住民食物系統的變遷。**臺灣人類學刊**，9(1)，99-146。

盧風（2011）。**人環境與自然：環境哲學導論**。廣東市：廣東人民出版社.

蔡義昌（2019）。**拉藍的家**。花蓮縣：作者。

蔡孟耘（2018）。**馬太鞍的巴拉告**。台北市：康軒。

Brndardt, R.,& Kawagley, A.O. (2005). Indigenous knowedge systems and

Alaska native way of knowing. *Anthropology and Education Quarterly, 36*(1), 8-23.

Berkes,F., Colding, J., &Folke, C. (2000). Rediscovery of traditional ecological knowledge as adaptive management.*Ecological Applications,10*(2), 1251-1262.

Bierhorst, J. (1994). *The way of the earth: Native America and the environment.* New York: William Morrow and Co.

Breidlid, A, (2013). Education, indigenous knowledges, and development in the global south: Contesting knowledges for a sustainable future (p.40)New York: Routledge.

Bridlid, A. (2004). *Education, indigenous knowledges and development in the global south: contesting knowledges for a sustainable future.* New York: Routledge.

Callicott, J.B. (1989). *In defense of the and ethic: Essays in environmental philosophy.* New York: Albany.

FDC (1996). *Forests, indigenous peoples and biodiversity: Contribution of the four directions council. Four Directions Council: Draft paper submitted the secretariat of the convention on Biological Diversity.*

Grenier, L. (1998). *Working with indigenous knowledge: A guide of researchers.* Canada: Ottawa.

Gwaravanda, E. T. (2021). Ubuntu and African disability education: An ethical perspective from the global south: In S.Ndlovu &P. Nyoni (1-34), *Social, educational, and cultural perspectives, of disabilities in the global south.* New York: IGI Global.

Masega, M.A. (2007). Contesting space and time: Intelectual property rights and indigenous knowledge system research- A chellenge. In I. Mazonde, P. Thomas, *Indigenous knowledge system and intellectual property in the twenty-first: Perspective from Southern Africa* (pp.3-11). Africa University of Botswana.

Posey, D.A. (2004). Indigenous knowledge and ethics, New York: Routledge.

Rival, I.L. (2009). *The resilience of indigenous intelligence* . Retrieved from ERIC database. (EJ670280)

Semali, L., & Kincheloe, J. (1999). Introduction: What is indigenous knowledge and why should we study it?In L. Semali &J. Kincheloe (Eds.)*What is indigenous knowledge: Voices from the academy* (pp.3-57). London: Falmer.

Sillitoe, P., & Bicker, A. (2004). Introduction hunting for theory, gathering ideology, In A Bicker. P. Sillitoe, J. Pottier, *Development and local knowledge* (pp.1-18). New York: Routledge.

Thomas, P., & Nyamnjoh, F.B. (2007). Intellectual property challenges in Africa: Indigenous knowledge systems and thefate of connected worlds: In M.P. Thomas, *Indigenous kmowledge systems and intellectual properity in the twenty-first century: Perpective from southern Africa*(pp.12-25). Africa: University Africa of Botswana.

Warren, D.M., Slikkerveer, L.J., & Brekensha, D. (1995). *The cultural dimension of development: Indigenous knowledge system* London: Intermediate Technology Publication.

國家圖書館出版品預行編目資料

原住民族多元智能：原住民族知識體系／洪清
一著. ——初版.——臺北市：五南圖書出
版股份有限公司, 2021.09
　面；　公分
ISBN 978-626-317-012-4（平裝）

1.原住民族教育　2.民族文化　3.臺灣原住
民族

529.47　　　　　　　　110012261

1I4S

原住民族多元智能
——原住民族知識體系

作　　　者 — 洪清一（165.2）

發 行 人 — 楊榮川

總 經 理 — 楊士清

總 編 輯 — 楊秀麗

副總編輯 — 黃文瓊

責任編輯 — 李敏華

封面設計 — 姚孝慈

出 版 者 — 五南圖書出版股份有限公司

地　　　址：106台北市大安區和平東路二段339號4樓

電　　　話：(02)2705-5066　　傳　　　真：(02)2706-6100

網　　　址：https://www.wunan.com.tw

電子郵件：wunan@wunan.com.tw

劃撥帳號：01068953

戶　　　名：五南圖書出版股份有限公司

法律顧問　林勝安律師事務所　林勝安律師

出版日期　2021年9月初版一刷

定　　　價　新臺幣290元

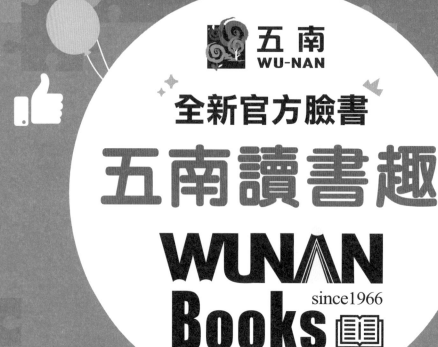

經典永恆・名著常在

五十週年的獻禮——經典名著文庫

五南，五十年了，半個世紀，人生旅程的一大半，走過來了。

思索著，邁向百年的未來歷程，能為知識界、文化學術界作些什麼？

在速食文化的生態下，有什麼值得讓人雋永品味的？

歷代經典・當今名著，經過時間的洗禮，千錘百鍊，流傳至今，光芒耀人；

不僅使我們能領悟前人的智慧，同時也增深加廣我們思考的深度與視野。

我們決心投入巨資，有計畫的系統梳選，成立「經典名著文庫」，

希望收入古今中外思想性的、充滿睿智與獨見的經典、名著。

這是一項理想性的、永續性的巨大出版工程。

不在意讀者的眾寡，只考慮它的學術價值，力求完整展現先哲思想的軌跡；

為知識界開啟一片智慧之窗，營造一座百花綻放的世界文明公園，

任君遨遊、取菁吸蜜、嘉惠學子！